Rudolf Kaiser · Die Stimme des Großen Geistes

Rudolf Kaiser

Die Stimme des Großen Geistes

Prophezeiungen und Endzeiterwartungen der Hopi-Indianer

Kösel-Verlag

Für Finnja

CIP-Titelaufnahme der Deutschen Bibliothek

Kaiser, Rudolf:
Die Stimme des Großen Geistes : Prophezeiungen u.
Endzeiterwartungen d. Hopi-Indianer / Rudolf Kaiser. –
München : Kösel, 1989
ISBN 3-466-36320-9

Gesamtherstellung: Kösel, Kempten
Umschlaggestaltung: Bine Cordes, Weyarn
Umschlagfoto: Edward Sheriff Curtis. In: Graybill/Boesen,
Authentische Zeugnisse von den Kindern des Großen Geistes,

ISBN 3-466-36320-9

Inhalt

Eine Kalapuya-Prophezeiung

In der alten Zeit
lag ein Kalapuya
nahe der Gabelung des Santiam
in einem Erlenhain
und träumte seinen ungewöhnlichsten Traum.

Als er in der Nacht erwachte
sagte er zu den Menschen:
»Die Erde unter unseren Füßen
war ganz schwarz
ganz schwarz
in meinem Traum.«

Niemand konnte sagen
was das bedeutete
dieser Traum von unserer grünen Erde –
und wir vergaßen ihn.

Doch dann kamen die Weißen
diese eisenharten Farmer
und wir sahen
wie sie den Boden mit dem Pflug aufrissen
die Wiesen
die kleinen Prärien am Santiam.

Und wir wußten
wir würden ein Teil ihres Traumes sein
ihres Traumes von der Erde
für immer schwarz
durch den aufreißenden Pflug.

Kalapuya: ehemals eine Gruppe kleiner Indianerstämme im westlichen Oregon, nahe der Pazifikküste; durch Pockenepidemien und kriegerische Auseinandersetzungen heute praktisch ausgestorben.

Ein Mythos der Oglala-Sioux

»Am Anfang der Zeit wurde ein Büffel in den Westen gestellt, um die Wasser zurückzuhalten. Jedes Jahr verliert der Büffel ein Haar, und in jedem Zeitalter verliert er ein Bein. Wenn er ganz ohne Haare und ohne Beine sein wird, dann werden die Wasser hereinströmen und ein Weltzyklus wird zu Ende gehen.
Man glaubt, daß der Büffel jetzt auf einem Bein steht und daß er fast ganz kahl ist.«

Oglala: eine um 1980 etwa 12000 Menschen zählende Gruppe der Teton Dakota;
Sioux: Indianer, die überwiegend auf der Pine Ridge Reservation im Staate South Dakota im Norden der USA leben. Red Cloud und Crazy Horse waren zwei ihrer berühmtesten Häuptlinge.

*

»Am Tage der Läuterung werden die lebendigen Dinge weinen. Man wird vielleicht sogar sehen, wie ein Stein einen Abhang hinunterrollt und weint.«

David Monongye, spiritueller Hopi-Führer, am 3. Oktober 1982

*

»Erneuere dich gänzlich jeden Tag;
tu es immer wieder
und immer wieder
für alle Zeiten.«

Eingravierung auf der Badewanne des Königs Tsching Chang

Vorwort

In kulturkritischen oder publizistischen Veröffentlichungen der letzten Jahre hierzulande und in den USA ist wiederholt auf die Prophezeiungen der Hopi-Indianer in Arizona hingewiesen worden*.
Diese Botschaft von der Erfüllung der Zeit, einem kommenden Tag der Läuterung und einem (vielleicht baldigen) Ende dieser Welt – und der möglichen Begründung einer neuen Welt – scheint bei uns auf viel Offenheit und Bereitschaft des Hinhörens zu stoßen. Endzeitdenken ist offensichtlich eine Reaktion vieler Menschen in unserer Zeit und unserer Gesellschaft auf die Gefahren unserer Gegenwart. Dabei steht Tschernobyl als ein Stichwort für viele andere. Hin und wieder sieht es gar so aus, als sei die Hopi-Prophezeiung dabei, in der geistigen Auseinandersetzung unserer Zeit an die Stelle der vieldiskutierten, vielgeliebten und vielgeschmähten Rede des Häuptlings Seattle zu treten**.
Da die Aussagen der Prophezeiung nach Meinung einiger religiöser Hopi-Führer nicht in jedem Falle auf eine Katastrophe hinauslaufen, sondern bei einer Änderung unseres Bewußtseins und unseres Tuns die Möglichkeit einer Fortdauer dieser Welt offenlassen – die dringende Weitergabe der Hopi-Botschaft soll gerade helfen, eine globale Katastrophe zu verhindern – suchen zahlreiche Menschen in diesen mythischen Vorstellungen eines als vorbildlich angesehenen Naturvolkes mögliche Antworten für unsere eigenen gegenwärtigen Probleme.
Um die geschichtliche Entwicklung und die gegenwärtige Relevanz der Hopi-Prophezeiung an Ort und Stelle zu erforschen, habe ich – mit Unterstützung der Deutschen Forschungsgemeinschaft (DFG) – den größten Teil des Sommers 1987 im Südwesten der USA, und hier vor allem auf der Hopi-Reservation, verbracht und in zahlreichen Inter-

* *A. Buschenreiter* 1983 und 1987. – *St. Doempke* 1982. – *R. Clemmer* 1978. – *F. Waters* 1980 und 1983. – *Z. C. Brinkerhoff* 1971. – *St. Steiner* 1977, 1981 und 1985. – *M. Cruz-Smith* 1982. – *W. Willoya/V. Brown* 1962. – *D. C. Rohr* 1985. – *J. Werner* 1986. – Japanischer Dokumentarfilm »Hopi Prophecy« 1988 u. a.

** Vgl. dazu meine Untersuchung zur Echtheit der Rede des Häuptlings Seattle: *Rudolf* und *Michaela Kaiser* 1984 I (1986 IV)

views mit Hopi-Persönlichkeiten verschiedener Klane und aus verschiedenen Dörfern ihre Ansichten zu diesem Thema erkundet. Aus Gründen persönlicher Rücksichtnahme identifiziere ich die meisten dieser Interviewpartner nur mit den Anfangsbuchstaben.
Außerdem bot sich die Möglichkeit, mit amerikanischen Ethnologen in Tucson, Flagstaff, Albuquerque, Santa Fe und Denver lange Gespräche zu führen und in den Bibliotheken der dortigen Universitäten literarischen Zeugnissen der Hopi-Prophezeiung nachzuspüren. Dabei bin ich Professor Dr. Richard O. Clemmer-Smith von der Denver University und Professor Dr. Jerrold Levy von der University of Arizona in Tucson für vielfache Hilfe zu besonderem Dank verpflichtet.
Hier sollen nun die wichtigsten Ergebnisse dieser Indianerstudien einer breiteren Öffentlichkeit zugänglich gemacht werden.

R.K.

Einleitung
Wer sind die Hopi-Indianer, wo und wie leben sie?

Die Hopi sind ein kleines Indianervolk im Südwesten der Vereinigten Staaten von Amerika. Der Stamm umfaßt knapp 10000 Menschen, die in zwölf Dörfern auf der Hopi-Reservation leben. Diese Reservation befindet sich im Nordosten des Staates Arizona, unweit des Grand Canyon. Wie kaum eine andere Indianerreservation in den USA ist dieses Gebiet abgelegen von allen Zentren der »weißen« Kultur und Zivilisation. Die nächstgelegene größere Stadt, Flagstaff, ist immerhin noch weit über 100 Kilometer von den Hopi-Dörfern entfernt.

Zur Isolierung der Hopi hat aber vor allem auch beigetragen, daß ihre Reservation vollständig von der Reservation der Navajo-Indianer umschlossen ist. Diese Navajo-Reservation ist die ausgedehnteste aller Indianerreservationen in den Vereinigten Staaten, und der Navajo-Stamm ist der volkreichste im Lande. So liegt die große Reservation der Navajo wie ein gewaltiger Ring um das kleinere Gebiet der Hopi-Indianer und bildet einen zusätzlichen Puffer gegenüber der Außenwelt.

Die traditionellen Wohngebiete der Hopi-Indianer sind konzentriert auf drei Tafelberge, die wie die steinernen Finger einer Hand von der Handfläche der sogenannten Black Mesa nach Süden weisen. Für solche Tafelberge wird in Amerika der spanische Begriff »Mesa« = »Tisch, Tafel« gebraucht. So erhielten die Tafelberge der Hopi – von Osten gezählt – die Namen »First Mesa«, »Second Mesa« und »Third Mesa«.

In der Halbwüste Nordarizonas sind die Tafelberge besonders trocken, unfruchtbar und steinig. Deshalb sind einige der jüngeren Dorfsiedlungen auch am Fuß der Tafelberge gelegen. Es ist aber mythische Überzeugung der Hopi, daß der Große Geist ihnen zu Beginn dieser Welt eben dieses trockene Gebiet einer Steinwüste als ihren Siedlungsraum zuwies und ihnen damit ein bescheidenes, kärgliches und arbeitsames Leben verordnete. Die größere Zahl der Dörfer liegt auch heute noch auf der Höhe der Mesas »nahe dem Himmel«.

Für den Besucher ist es faszinierend, sich die Frage zu stellen – jedenfalls stellt sich mir diese Frage bei jedem Besuch dort wieder – mit welchen Gedanken, Absichten und Überlegungen sich Menschen vor vielen Jahrhunderten tatsächlich entschieden haben mögen, in einer so trockenen und so unfruchtbaren Steinwüste zu siedeln. Hinweise auf eine unfreiwillige Siedlung in diesem Gebiet, etwa unter dem Zwang benachbarter Stämme, gibt es nicht. Rein praktische Überlegungen der Nutzbarkeit des Bodens und der Landschaft können schon gar nicht für eine Siedlung in diesem Gebiet gesprochen haben. Es scheint mir darum schwer vorstellbar, daß bei dieser Entscheidung nicht spirituelle, mythische oder kosmische Konzepte und Vorstellungen mitgespielt haben, wie sie in den Mythen der Hopi in den Gedanken der Obhut und Fürsorge für das Land, für die Erde und den Kosmos zum Ausdruck kommen.
Dazu paßt, daß für die Hopi ihr Siedlungsgebiet der Mittelpunkt der Welt und ein besonderes spirituelles Kraftzentrum ist, mit dem es nach ihrer Auffassung höchstens Tibet als weiteres irdisches Zentrum spiritueller Kräfte aufnehmen kann. Tatsächlich erscheinen manche Hopi-Dörfer – von unten gesehen – wie ein tibetisches Kloster, das auf einem Berggipfel hockt, auf halbem Wege zwischen Erde und Himmel. – Traditionelle Hopi verstehen sich auch heute noch als Hüter des Landes, und da ihrem Land eine so zentrale Stelle auf der ganzen Erde zukommt, auch als Hüter der Erde.
Diese Hüter-Funktion wird vor allem in den zahlreichen religiösen Zeremonien wahrgenommen. Es gibt nicht einen Monat des Jahres, in dem nicht wenigstens eine zentrale und hochfeierliche religiöse Zeremonie vor sich geht. Ein Teil dieser heiligen Handlungen findet in den unterirdischen Zeremonialräumen, den Kivas, statt; ein anderer Teil häufig auf dem Marktplatz. Diese öffentlichen Teile der Zeremonien heißen Tänze, und bei vielen von ihnen erscheinen maskierte Tänzer, die die Geistwesen der Hopi, die Kachinas, darstellen. Oft tanzen sie einen ganzen Tag lang in den Dörfern und stampfen durch ihre Tanzrhythmen die Gebete gewissermaßen in den Boden, denn diese den Hopi heiligen Riten sind in ihrem Kern dramatisierte Gebete. Ihr Anliegen ist immer wieder die Bitte um Regen – aber auch um das Erhalten und Wiederherstellen der Balance der Erde und des Kosmos.

Darum ist es für traditionelle Hopi auch so wichtig, daß diese Zeremonien beibehalten werden und nicht aussterben, obwohl es für die in der »weißen« Gesellschaft beschäftigten Hopi (wegen des starren Tages- und Wochenrhythmus der Arbeit) schwierig ist, sich den Freiraum für die religiösen Aufgaben und Verpflichtungen zu erhalten.
Alle auf den Plätzen des Dorfes durchgeführten Maskentänze sind auch für weiße Besucher offen, doch ist jede Form von Aufnahme oder Aufzeichnung strengstens verboten (seit 1910). Nur der Schlangentanz, ein uraltes Ritual, das früher bei vielen Völkern zu Hause war, heute aber auf dem amerikanischen Doppelkontinent nur noch von den Hopi wahrgenommen wird, ist seit 1986 für weiße Besucher geschlossen.
Es gehört zweifellos zu den eindrucksvollsten Erlebnissen eines weißen Besuchers, hoch auf einer Mesa zu stehen, den Blick über das endlos weite Land streifen zu lassen und sich dann einem hochreligiösen Zeremoniell maskierter Tänzer zuzuwenden, die einen ganzen Tag lang unentwegt ihre Gebete dramatisch darstellen und dabei mit ihren dumpfen Stimmen, ihren Rasseln und Trommeln die Geräusche der erflehten Naturerscheinungen wie Regen, Wind und Donner nachahmen.
Die Hopi gehören zu den wenigen Indianervölkern, bei denen solche Zeremonien noch ganz dem ursprünglichen religiösen Zweck dienen und nicht das Geringste mit touristischer Darbietung zu tun haben. Aber selbst auf der abgelegenen Hopi-Reservation ist der Einfluß der dominanten weißen Kultur so stark, daß in vielen Dörfern der Zeremonialzyklus des Jahres aufgebrochen ist. So findet die Schlangenzeremonie nur noch in zwei Dörfern statt, die einander Jahr um Jahr in der Durchführung dieses heiligen Rituals ablösen. Nur in wenigen Dörfern gelingt es noch, einen nahezu geschlossenen Zeremonialzyklus das ganze Jahr hindurch einzuhalten.
Mais ist für die Hopi das traditionelle und auch heute noch wichtigste Nahrungsmittel. Nach der Tradition baut jeder Hopi seine eigenen Maisfelder nach dem System des »dry farming« an, das ihnen in der Regel auch in dieser Wüstenregion gute Erträge sichert. Dabei hilft nicht nur das Geschick des kundigen Bauern sowie der erbetete und ertanzte Regen, sondern nach ihrer Überzeugung auch das Sprechen

und Singen des Bauern mit seinen Pflanzen, wenn er über das Feld geht. Ein 35jähriger Hopi bestätigte auch 1987 noch, daß der Hopi wenigstens in seinem Herzen ein Lied und ein freundliches Wort für die Maispflanzen haben solle, wenn er über das Feld gehe. Er fügte hinzu, daß es bei ihnen ein Sprichwort gebe, welches besage, daß die Maispflanzen den Menschen besser kennen als der Mensch die Pflanzen kennt. – Es ist aber auch eine Tatsache, daß von Jahr zu Jahr immer weniger Hopi ihren eigenen Mais anbauen.

Der Name »Hopi« bedeutet in ihrer Sprache etwa »die Friedfertigen«. Diese Bezeichnung wurde ursprünglich als ein Ehrenname verstanden, der niemals von einem Hopi für sich selbst in Anspruch genommen, sondern nur von anderen Menschen für die Hopi gebraucht wurde. Dieser Name bezeichnet also ursprünglich und bis heute eine ethische Qualität und wird von den Menschen dieses Volkes durchaus als Programm empfunden und auch der heranwachsenden Jugend immer wieder als Verpflichtung vorgestellt. Das bedeutet allerdings nicht, daß sie sich immer friedfertig verhalten haben. Im Jahre 1700 ist z. B. eines ihrer eigenen Dörfer von einer vereinten Streitmacht der anderen Dörfer zerstört worden, weil es sich den zuvor vertriebenen christlichen Missionaren wieder geöffnet hatte. Bis heute bekennt sich nur der kleinere Teil der Hopi zum christlichen Glauben. Diese nehmen an den erwähnten Zeremonien natürlich höchstens als Zuschauer teil.

Auseinandersetzungen gibt es auch zwischen den mehr traditionell eingestellten Hopi und der in den dreißiger Jahren eingerichteten Stammesverwaltung, die für eine stärkere Öffnung gegenüber, und Zusammenarbeit mit, der amerikanischen Regierung eintritt. Diese Stammesverwaltung ist auch deshalb umstritten, weil bei den Hopi – wie auch bei anderen Indianervölkern – traditionell jedes einzelne Dorf politisch gänzlich unabhängig war. Es gab natürlich Zusammenarbeit zwischen den Dörfern, aber es gab keine übergeordnete Regierung, die ein Weisungsrecht gegenüber einzelnen Dörfern gehabt hätte, wie es die Stammesverwaltung heute beansprucht. Hierin spiegeln sich traditioneller indianischer Individualismus und das Unabhängigkeitsbewußtsein dieser Menschen wider. Heute streiten in manchen Fällen traditionelle Dorfälteste (sogenannte Kikmongwis) mit der Stammesverwaltung über die Weisungsbefugnis in den einzelnen Dörfern.

So sehr die Hopi auch zu den abgelegensten Indianervölkern der USA gehören, so sind sie doch das wahrscheinlich am meisten von Völkerkundlern studierte und untersuchte indianische Volk. Über mehr als 100 Jahre hin hat eine große Anzahl von Ethnologen die Kultur der relativ offenherzigen und friedfertigen Hopi erforscht, und ihre Bücher füllen Bibliotheken.

So mischen sich im Bilde der Hopi-Indianer eine Fülle wissenschaftlicher Erkenntnisse und Daten mit einer außerordentlich abgelegenen geographischen Lage und mit einer noch relativ intakten religiösen und sozialen Tradition. Diese verschiedenen Faktoren machen die Hopi wahrscheinlich zu besonders interessanten Gesprächspartnern in unserer heutigen Welt, die dringend nach Lösungsmöglichkeiten in unserer ökologischen Gefährdung sucht. Die Hopi-Prophezeiung erscheint als eine der Traditionen, bei denen Menschen unserer Kultur und unserer Zeit Wegweisung und Hilfe vermuten. Mit ihr wollen wir uns deshalb in den kommenden Kapiteln näher beschäftigen.

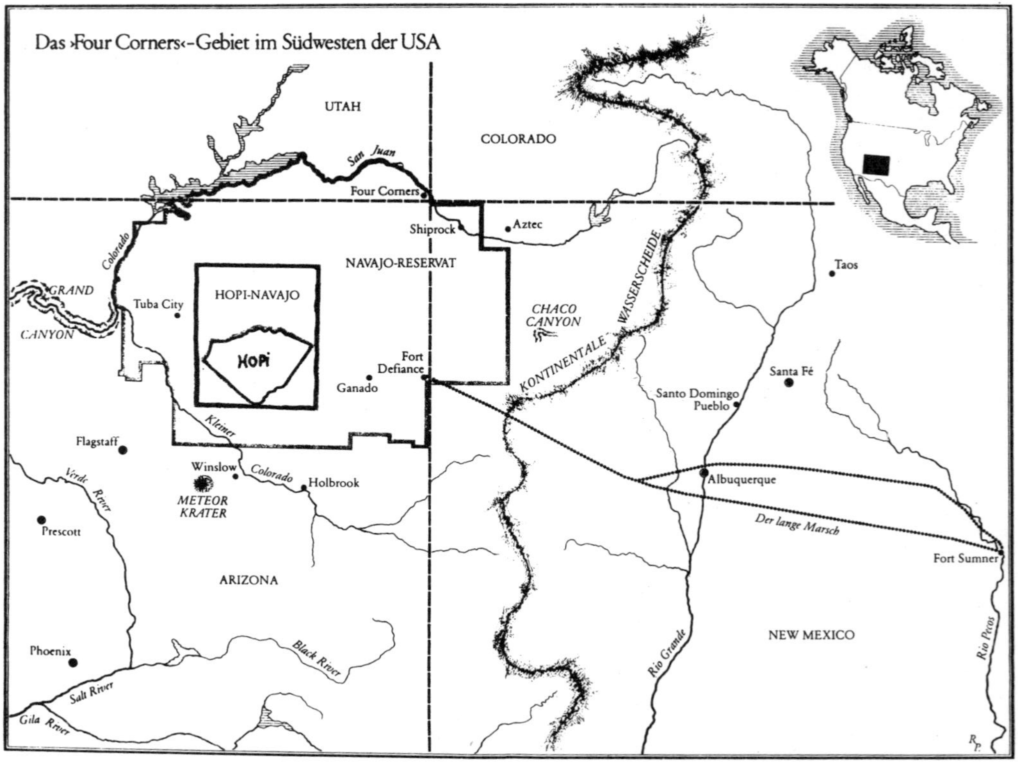
Das ›Four Corners‹-Gebiet im Südwesten der USA
UTAH
COLORADO
San Juan
Four Corners
Aztec
Shiprock
NAVAJO-RESERVAT
Colorado
GRAND
CANYON
Tuba City
HOPI-NAVAJO
HOPI
Taos
CHACO
CANYON
WASSERSCHEIDE
KONTINENTALE
Fort
Defiance
Ganado
Santa Fé
Santo Domingo
Pueblo
Flagstaff
Kleiner
Winslow
Colorado
Holbrook
Albuquerque
Verde
River
METEOR
KRATER
Prescott
Der lange Marsch
Fort Sumner
ARIZONA
NEW MEXICO
Phoenix
Black River
Rio Grande
Rio Pecos
Salt River
Gila River
R.P.

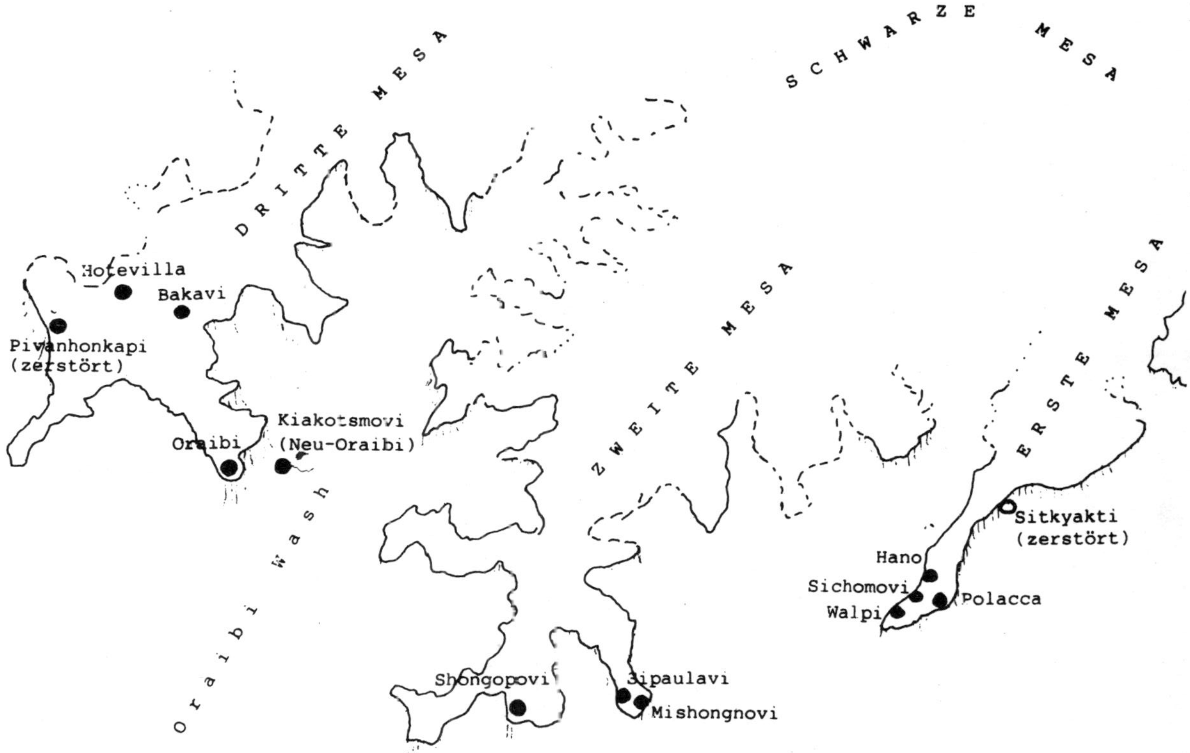
SCHWARZE MESA
DRITTE MESA
ZWEITE MESA
ERSTE MESA
Hotevilla
Bakavi
Pivanhonkapi
(zerstört)
Oraibi
Kiakotsmovi
(Neu-Oraibi)
Oraibi Wash
Shongopovi
Sipaulavi
Mishongnovi
Hano
Sichomovi
Walpi
Polacca
Sitkyakti
(zerstört)

Ansicht des Dorfes Walpi auf der Ersten Mesa

1 *Wann und warum entschlossen sich religiöse Führer der Hopi-Indianer zur Publizierung ihrer Prophezeiungen?*

Es war im Jahre 1947, zwei Jahre nach Ende des II. Weltkrieges, bei einer religiösen Versammlung im Dorfe Shungopovi auf der Hopi-Reservation. Die religiösen Führer diskutierten die Weltsituation nach dem Krieg. Ein Führer des Bluebird-Clan teilte den Anwesenden mit, ihm sei in seinen jungen Jahren bei seiner Ausbildung zum religiösen Führer gesagt worden: Wenn eine »gourd of ashes«, also eine Kürbisschale voller Asche, vom Himmel falle, dann solle er Lehren, Prophezeiungen und Traditionen des Hopi-Volkes, die bis dahin geheim gewesen seien, öffentlich verkünden. Andere Klan-Führer erwähnten, ihnen sei Ähnliches gesagt worden über die öffentliche Verkündigung ihrer Weisungen und Prophezeiungen in der Zukunft. Man war sich auch bald einig, daß mit der »Kürbisschale voller Asche« wohl nur die Atombomben gemeint sein könnten, die zwei Jahre vorher über Hiroshima und Nagasaki abgeworfen worden waren. Hier hatte die Technologie der Weißen ein Mittel in der Hand, die eigene Zivilisation und jegliche menschliche Kultur auf der Erde zugrunde zu richten. Auch andere vorhergesagte Zeichen schienen sich erfüllt zu haben: Zwei Erschütterungen der Menschheit – die zwei Weltkriege – vor dem endgültigen Tag der Reinigung; Straßen am Himmel mit Fahrzeugen ohne Räder; Spinnweben über dem Land, durch die man miteinander sprechen konnte u. a. m. Es schien also vielen Anwesenden, daß die Endzeit angebrochen und daß damit die Zeit der Verkündung des bisher (mehr oder weniger) Geheimgehaltenen gekommen sei.
Eine andere Überlegung ging hiermit vermutlich Hand in Hand: Christianisierung und Akkulturation (der Hopi an die Kultur der Weißen) hatten in den zehn Jahren vorher auf der Reservation große Fortschritte gemacht. Der »Hopi Way of Life« schien mehr als vorher gefährdet. Deshalb hielten Führer der traditionellen Hopi-Kultur wohl die Zeit für gekommen, gegen diese Akkulturation energisch anzugehen, um die

eigene Lebensform vor dem Erlöschen zu bewahren. Mit anderen Worten, es bildeten sich die Grundsätze einer Bewegung heraus, die sich eindeutig an den überkommenen Traditionen der eigenen Kultur und Religion orientierte. Dabei erhielt die tradierte Prophezeiung verständlicherweise einen wichtigen Platz im Gefüge dieser Grundsätze.

Weitere religiöse Treffen in den sogenannten »Kivas«, den unterirdischen Zeremonialräumen der Hopi, folgten dem ersten. Und ein Jahr später, 1948, fand im gleichen Dorf Shungopovi eine Konferenz von Dorfältesten und religiösen Führern aller Hopi-Dörfer statt. Die Anwesenden diskutierten vier Tage lang die religiöse Bedeutung des Landes für die Hopi, die Geschichte und die Pflichten der einzelnen Klane sowie ihre religiösen Lehren und Prophezeiungen. Mehrere Sprecher und Dolmetscher der religiösen Führer wurden für die anstehenden Aufgaben der Publizierung in der Außenwelt gewählt. Der bekannteste von ihnen ist zweifellos Thomas Banyacya vom Coyote-Clan. Selbst kein religiöser Führer, findet sich sein Name doch als Sprecher und Dolmetscher unter zahlreichen Briefen und Dokumenten, die seitdem von den Hopi in die weite Welt gelangt sind. Neben Thomas Banyacya haben sich aber auch langjährige religiöse Führer, vor allem der inzwischen verstorbene Dan Katchongva sowie David Monongye und James Kootshongsie als artikulierte Sprecher der Hopi-Mythologie und Hopi-Prophezeiung gegenüber der Welt profiliert.

Wiederum ein Jahr später, 1949, richtete eine Gruppe von Hopi-Ältesten ein erstes Schreiben an den Präsidenten der Vereinigten Staaten, Harry S. Truman. In diesem Schreiben heißt es unter anderem:

»Dieser Boden ist die heilige Heimat des Hopi-Volkes und aller Indianer in diesem Lande . . . Die Grenzen unseres Landes wurden dauerhaft festgelegt und eingeschrieben in Steintafeln, die wir noch besitzen. Eine Tafel wurde (am Beginn dieser Welt) auch dem Älteren Weißen Bruder gegeben, der . . . mit ihr zu den Hopi zurückkehren wird . . . Er wird die Ordnung wiederherstellen und alle Menschen hier richten . . . Dieses Land steht nicht zum Verpachten oder zum Verkauf an. Es ist unser heiliger Boden . . . Unsere Tradition und unsere religiöse Ausbildung verbieten uns, jemanden zu belästigen, ihm Schaden zuzufügen oder ihn zu töten.

Wir sind deshalb dagegen, daß unsere jungen Männer gezwungen werden, für den Krieg ausgebildet zu werden, um Mörder und Zerstörer zu werden . . .«

Unterzeichnet war dieser Brief, der wichtige Teile der Hopi-Prophezeiung zum Ausdruck bringt, von drei Dorfältesten, 19 religiösen Führern sowie mehreren Dolmetschern und Sprechern (vgl. *R. Clemmer* 1978, S. 71 u. a.).

In den folgenden Jahren und Jahrzehnten gab es eine Fülle weiterer Schreiben von der Hopi-Reservation an weitere Präsidenten der Vereinigten Staaten, an die Vereinten Nationen, an Kongresse verschiedener Art und auch an Einzelpersonen. Gruppen von Hopi-Persönlichkeiten oder auch einzelne Hopi unternahmen weite Reisen. Mehrere Male klopften sie – ohne großen Erfolg – bei den Vereinten Nationen in New York an, um ihre Schreiben und Botschaften selbst zu überbringen. James Kootshongsie und Thomas Banyacya reisten verschiedentlich nach Europa und hielten hier Vorträge über die Weltanschauung und die Prophezeiungen der Hopi; so Thomas Banyacya u. a. noch 1983 in Bonn und 1988 in Berlin; James Kootshongsie u. a. 1987 in Genf. Es wurde versucht, den Dalai Lama zu einer Weltkonferenz der spirituellen Führer der Welt auf die Hopi-Reservation einzuladen, doch es gelang nur ein Treffen zwischen dem Dalai Lama und einigen religiösen Hopi-Führern in Los Angeles.

Wichtige Ereignisse in diesem Zusammenhang waren auch die »Hopi-Hearings« von 1955 und das »Meeting of Religious People« von 1956. Die »Hopi-Hearings« wurden von der »weißen« Indianerverwaltung durchgeführt, »to hear the problems of the Hopi« (»um die Probleme der Hopi anzuhören«). Das »Meeting of Religious People« wurde von dem religiösen Führer Dan Katchongva einberufen. Bei beiden Treffen wurden Hopi-Mythen und Hopi-Prophezeiungen immer wieder öffentlich vorgestellt und als Hilfe zur Deutung der Gegenwart benutzt. Über einige der Reden des »Meeting of Religious People« erschien auch eine Broschüre (*C. Carpenter* und *W. Bentley* 1957), die zur Verbreitung dieser Gedanken erheblich beitrug.

Weitere Broschüren und kleine Bücher zum Thema wurden veröffentlicht; so etwa von Dan Katchongva das Büchlein »From the Beginning of Life to the Day of Purification – Teachings, History and Prophecies of the Hopi People« (Los Angeles 1972). Thomas Tarbet, der ein weißer Amerikaner und Kenner der Hopi-Mythologie ist, schrieb über »The Essence of Hopi Prophecy« (Santa Fe 1981). In allen diesen

Verlautbarungen wurde und wird das mythische Denken der Hopi, ihre Auffassungen vom Anfang dieser Welt, von den Weisungen des Großen Geistes und von ihrer Lebensphilosophie – ihrem »way of life« – über die Gegenwart hinaus bis zu den Prophezeiungen von einer großen Reinigung aller Menschen und vom Untergang dieser Welt dargelegt. Hieraus ergibt sich schon, daß die Prophezeiungen der Hopi ursprünglich nicht als Tradition für sich allein stehen, sondern ein Teil ihrer Mythologie sind, daß sie also in die mythischen Geschichten, Weisungen und Lehren des Volkes eingebettet sind. Sie sind sozusagen das »andere« Ende der Mythologie. Während der Beginn der Überlieferung von der Erschaffung der Welt spricht, die in den »Creation Myths«, den Schöpfungsmythen, vorgestellt wird, sind die Prophezeiungen der in die Zukunft gerichtete und das Ende dieser Welt betreffende Teil der umfassenden Hopi-Mythologie. Beide Enden der Mythologie greifen in das Nichterfahrbare hinein und versuchen, es zu deuten: die Schöpfungsgeschichten den Anfang der Welt, die Prophezeiungen das Ende der Welt.

An anderer Stelle dieses Buches wird allerdings auch darauf hingewiesen, daß nach dem II. Weltkrieg speziell die Prophezeiungen ein solches Gewicht innerhalb der Mythologie der Hopi gewonnen haben, daß sie eine relative Selbständigkeit annahmen und als eine zentrale Bezugsgröße immer wieder in das politische Tagesgeschehen und in die Auseinandersetzungen um den ablaufenden kulturellen Wandel einbezogen wurden.

Allgemein gilt aber für die Hopi-Prophezeiungen wohl das, was über biblische Prophezeiungen gesagt worden ist, nämlich daß sie nicht Geschichte im voraus historisch beschreiben, sondern den Sinn der Geschichte als Heils- oder Unheilsgeschichte religiös und theologisch deuten wollen.

2 *Welche Gestalt gewinnt für uns die Hopi-Prophezeiung aus der Fülle der Veröffentlichungen der letzten Jahrzehnte?*

Ich habe zwei Originaltexte ausgewählt, die diese Frage wahrscheinlich besser beantworten können als viele der anderen Publikationen.
Der erste Text ist sehr kurz und wurde von einem älteren religiösen Führer der Hopi im Jahre 1969 gegenüber dem amerikanischen Ethnologen Richard O. Clemmer auf der Hopi-Reservation mündlich geäußert:

»Als ich ein Junge war und dort unten auf dem Feld, sagte mein Vater zu mir, eines Tages würde die Erde sich umkehren, würde sich überschlagen... Wenn das geschehe, sagte er, das sei der Tag der Reinigung. Der Himmel werde dunkel werden, und wir würden herumkriechen wie Ameisen, die nicht sehen können. Dann würden jene Dinge kommen, so wie Haufen von Flugzeugen, und sie würden die Sonne verdunkeln und eine Menge Dinge auf die Erde fallen lassen, so wie Regen. Diese vier Dinge werde es geben. Regen, die Erde würde sich überschlagen, der Ozean würde aufwogen und Donner – und es werde auf der ganzen Erde geschehen, allen Völkern.« (*R. Clemmer*, Koyaanisqatsi)

Eine wesentlich längere Darstellung der Hopi-Mythologie und Hopi-Prophezeiung entnehme ich einem Brief des Thomas Banyacya vom 12. Januar 1961 an eine Frau in Deutschland:

»Wie Sie wohl wissen, haben alle Indianer in diesem Lande ungezählte Leiden erduldet unter den diktatorischen Regimen von Spanien, Mexiko und unter der Regierung der Vereinigten Staaten. Und dieses hält noch an, nicht so sehr in Form von Gewalttaten, sondern in Form von Spitzfindigkeiten, Betrug und Einschüchterung. Heute haben die meisten Indianer den größten Teil ihres Heimatlandes verloren, ihre Lebensform (way of life) ist völlig zerstört, und viele von ihnen sind jetzt Indianer ohne Land. Alles dieses ist eine Folge der Tatsache, daß der Rote Mann sein will, was er ist: Er möchte seinen ›way of life‹ leben und in Übereinstimmung mit den Instruktionen des Großen Geistes alles Land gemeinschaftlich besitzen.
Ich war Mitglied einer Delegation aus sechs Personen, die vor zwei Jahren zu den Vereinten Nationen in New York reiste. Als Dolmetscher der

traditionellen Hopi-Führer mußte ich sie begleiten auf dieser historischen Reise, mit der sie ihre heilige Mission in Übereinstimmung mit ihren uralten Instruktionen erfüllten. Wegen ihres Wissens um die Prophezeiungen empfanden die Hopi-Führer, daß es Zeit war, zum östlichen Rand unseres Mutterlandes zu gehen, wo nach einer Vorhersage ›ein Haus aus Glas oder Glimmer (House of Mica) stehen würde, in dem große Führer von vielen Ländern versammelt sein würden, um jedem Volk zu helfen, das in Not wäre.‹ . . .
Die Hopi-Führer mußten vor allem aus drei Gründen zu den Vereinten Nationen im Osten des Landes reisen:
Erstens, um Ausschau zu halten nach dem Wahren Weißen Bruder;
zweitens, um wahre Gerechtigkeit zu erbitten für alle indianischen Brüder und für alle rechtschaffenen Menschen in diesem Land;
drittens, um die großen Führer in dem Haus aus Glas zu warnen vor dem kommenden Tag der Reinigung, der nach der Prophezeiung für dieses Land des Roten Mannes kommen soll, wenn die Bösen unter den Weißen alles Leben zurückdrehen zu den Tagen vor der großen Flut, die schon in einer früheren Welt, der Unterwelt, alles zerstört hat.
Unsere Väter haben alle der Überzeugung Ausdruck gegeben, daß wenigstens ein oder zwei oder drei Führer oder Nationen zuhören und verstehen würden, wenn die Hopi zu dieser Zeit vor die großen Führer in dem Haus aus Glas treten würden. Denn es heißt, daß auch diese anderen Führer oder Nationen unsere uralten Weisheitslehren kennen. Es heißt, daß sie die Botschaft der Hopi hören und dann sofort handeln würden, um viel Unrecht richtigzustellen, das der auserwählten Rasse, dem Roten Mann, angetan wird. Er ist es, dem das Recht zugestanden wurde, alles Land und Leben treuhänderisch für den Großen Geist zu verwalten.
Hopi-Führer wissen auch, daß sie vielleicht nicht vorgelassen werden, um ihre Botschaft zu übergeben. Vielleicht finden sie die Tür der Vereinten Nationen für sie verschlossen. Wenn dieses geschieht, dann wird man wissen, daß die großen Führer in dem Haus aus Glas auf die Bösen unter allen Menschen schauen und für sie arbeiten. Wenn die großen Führer in dem Haus aus Glas nicht auf die Stimme der Hopi, der Friedfertigen, hören, dann haben sie eine der Prophezeiungen erfüllt.
Diese besagt: ›Wenn die großen Führer in dem Haus aus Glas sich weigern, die Tür für euch zu öffnen, wenn ihr davor steht an jenem Tage, so seid nicht entmutigt und kehrt nicht um auf eurem Wege, sondern stärkt euren Mut und eure Entschlossenheit und habt große Freude in euren Herzen, denn an dem Tag hat die weiße Rasse, die mit euch auf eurem Land lebt, die Verbindung mit euch getrennt, und sie geht der größten Bestrafung am Tage der Reinigung entgegen. Viele werden vernichtet werden wegen ihrer Sünden und ihrer Übeltaten. So

hat es der Große Geist verfügt, und niemand kann es aufhalten, es ändern oder etwas hinzufügen. Es wird sich erfüllen!‹ ...

In Kürze die uralten Hopi-Lehren und die Prophezeiungen:

Die Hopi glauben, daß die menschliche Rasse seit ihrem Ursprung drei Entwicklungsstufen durchschritten hat.

Am Ende einer jeden Entwicklungsstufe muß das menschliche Leben durch bestimmte Akte des Großen Geistes gereinigt oder bestraft werden. Dieses ist vor allem notwendig wegen der Verdorbenheit, der Gier und der Abwendung von den Lehren des Großen Geistes. Die letzte große Zerstörung geschah durch eine Flut, die alle Menschen, außer einigen wenigen Gläubigen, vernichtete.

Bevor dieses geschah, erwarteten und erhielten diese wenigen Gläubigen vom Großen Geist die Erlaubnis, mit ihm in diesem neuen Land zu leben. Der Große Geist sagte: ›Es liegt an euch, ob ihr bereit seid, mein armes, bescheidenes und einfaches Leben zu teilen. Es ist ein hartes Leben, aber wenn ihr bereit seid, entsprechend meinen Anweisungen und Lehren zu leben und niemals den Glauben an das Leben verliert, das ich euch geben werde, dann könnt ihr kommen und bei mir hier leben.‹

Die Hopi und alle, die vor der großen Flut gerettet wurden, schlossen mit dem Großen Geist einen heiligen Bund. Sie schworen einen Eid, daß sie sich niemals von ihm abwenden würden ...

Der große Häuptling nun, der die Rechtschaffenen in dieses neue Land und Leben führte, gehörte zum Bogen-Klan (Bow Clan), und er hatte zwei Söhne, die Kinder einer Mutter waren ... Diesen beiden Brüdern wurden heilige Steintafeln gegeben, und es wurde ihnen gesagt, sie sollten diese zu einem Ort bringen, den der Große Geist ihnen genannt hatte. Der Ältere (Weiße) Bruder sollte daraufhin sofort nach Osten gehen, der aufgehenden Sonne entgegen. Wenn er seinen Bestimmungsort erreicht hatte, sollte er sich sofort auf den Rückweg machen, um nach seinem Jüngeren Bruder Ausschau zu halten, der im Land des Großen Geistes bleiben würde. Seine Aufgabe würde es dann sein, seinem Jüngeren Bruder dabei zu helfen, den Tag der Reinigung herbeizuführen. An diesem Tag sollten alle Gottlosen und alle Übeltäter bestraft oder vernichtet werden. Danach sollten wirklicher Friede, Brüderlichkeit und immerwährendes Leben herrschen. Der Ältere Bruder wird dem jüngeren alles Land zurückgeben, das diesem die Bösen unter den Weißen genommen haben werden. Der Ältere Bruder wird auch kommen, um Ausschau zu halten nach den heiligen Steintafeln und um den heiligen Auftrag zu erfüllen, der ihm vom Großen Geist gegeben wurde.

Der Jüngere (Rote) Bruder wurde angewiesen, durch das ganze Land zu wandern und bei seiner Wanderung seine Fußspuren gut zu kennzeichnen.

Beiden Brüdern wurde gesagt, ein großer weißer Stern werde am Himmel erscheinen, wenn die Menschen in diesem Land und in anderen Ländern umherwanderten. Es wurde ihnen auch gesagt, wenn dieses geschehe, dann sollten alle Menschen wissen, daß der Ältere Bruder seinen Bestimmungsort erreicht habe. Zu diesem Zeitpunkt sollten sich dann alle Menschen niederlassen, wo sie sich gerade befänden. Sie sollten sich niederlassen bis zum Zeitpunkt, da der Ältere Bruder von Osten zurückkehre.

Es heißt, daß der Ältere Bruder nach vielen Jahren der Trennung vielleicht seine Hautfarbe verändert hat. Vielleicht ist sie weiß geworden, aber sein Haar wird schwarz bleiben. Er wird auch die Fähigkeit haben, Dinge niederzuschreiben und wird deshalb der einzige sein, der die heiligen Steintafeln lesen kann. Wenn der Ältere Bruder in dieses Land zurückkehrt und seinen Jüngeren Bruder wiedertrifft, dann werden diese Steintafeln Seite an Seite gelegt werden, um der ganzen Welt zu zeigen, daß diese die wahren Brüder sind. Dann wird großes Gericht gehalten werden, und die Bestrafung wird folgen. Denn der Ältere wird seinem Jüngeren Bruder helfen, wirkliche Gerechtigkeit wiederherzustellen für alle indianischen Brüder, die seit der Ankunft des Weißen Mannes in unserem Mutterland mißhandelt worden sind.

Den Hopi-Führern sind viele Prophezeiungen bekannt, welche die Rückkehr des Älteren Bruders ankündigen. Zu diesen Zeichen gehören: Wenn die Leben aller Menschen in diesem Land so verdorben sind, daß die Menschen sich von den spirituellen Lehren ab- und den materiellen Dingen zuwenden; wenn die Bösen unter den Weißen sich daranmachen, Land und Leben der Hopi und anderer indianischer Brüder zu zerstören; wenn Straßen am Himmel erscheinen; wenn etwas erfunden wird, das in der Hopi-Sprache eine ›Kürbisschale voller Asche‹ (gourd of ashes) genannt wird; wenn eine von diesen auf die Erde fällt und alles in einem großen Gebiet zum Kochen bringt, so daß dort viele Jahre lang kein Gras mehr wachsen wird; wenn die Führer sich vom Großen Geist abwenden und dem Bösen folgen . . .

Jedes Hopi-Dorf hat Kunde von dieser Prophezeiung. Auf diese Art wurden die Dörfer Oraibi und Shungopovi dauerhaft besiedelt – und zwar in einer Gegend, die eine Wüste ist und ohne jedes Wasser, um das Land zu berieseln. Doch eben aus diesem Grunde werden die Hopi niemals die Lehren und Anweisungen des Großen Geistes vergessen.

Wir wissen, daß unser Wahrer Weißer Bruder sehr mächtig sein wird, wenn er zurückkommt, und er wird eine rote Kopfbedeckung oder einen roten Umhang tragen. Ein zahlreiches Volk wird zu ihm gehören. Er wird keiner Religion angehören außer seiner ureigenen. Er wird die heiligen Steintafeln bei sich haben. Sein Kommen wird machtvoll sein. Niemand wird ihm widerstehen können. Alle Macht dieser Welt wird in seiner Hand ruhen, und er wird rasch kommen und in einem einzigen Tag Macht über diesen ganzen Kontinent gewinnen. Die Hopi sind gewarnt worden, niemals zu den Waffen zu greifen.

Bei dem Älteren Bruder werden zwei wichtige Helfer sein, beide sehr intelligent und machtvoll. Einer von ihnen wird gekennzeichnet sein durch das Zeichen des Hakenkreuzes (swastika), das Reinheit und Männlichkeit darstellt:

Er wird auch durch das folgende Zeichen gekennzeichnet sein, das Reinheit und Weiblichkeit repräsentiert. Es bedeutet Zeugung des Lebens, denn die dünnen Linien zwischen den Kreuzbalken sind rot und repräsentieren das Lebensblut einer Frau . . .

Der dritte, oder der zweite der zwei Helfer unseres Wahren Weißen Bruders, wird durch das Zeichen der Sonne gekennzeichnet sein. Auch er wird viele Menschen bei sich haben und sehr intelligent und machtvoll sein. Wir haben in unseren heiligen Kachina-Zeremonien eine Kürbisrassel, die auch heute noch gebraucht wird und auf der die Zeichen dieser beiden mächtigen Helfer unseres Wahren Bruders zu sehen sind. Sie sieht etwa so aus:

Die Rassel mit diesem Zeichen repräsentiert nach Auffassung der Hopi die Welt. Wenn der Tag der Reinigung nahe ist, werden die Menschen mit diesen beiden Zeichen, dem Hakenkreuz und der Sonne, die Erde zunächst für eine kurze Zeit erschüttern. Dieses ist in Vorbereitung für den endgültigen Tag der Reinigung. Sie werden die Erde zweimal erschüttern. Dann wird es die Aufgabe des Dritten sein (des Älteren Bruders), den diese zwei begleiten, und zusammen werden sie kommen wie ein einziger, um den Tag der Reinigung herbeizuführen und um dem Jüngeren Bruder zu helfen, der in diesem Land wartet.
Es ist auch folgendes prophezeit:
Wenn diese drei in ihrer Sendung versagen, dann wird einer von Westen kommen wie ein großes Gewitter. Er wird aus vielen, vielen Menschen bestehen, und er wird unbarmherzig sein. Wenn er kommt, wird er das Land bedecken wie Ameisen. Die Hopi-Menschen sind gewarnt worden, nicht auf die Hausdächer zu gehen, um zu schauen. Denn er wird kommen, um alle Menschen zu bestrafen. Wir wissen noch nicht, wer dieser ist, der vom Westen kommt. Wir wissen nur, daß er eine sehr große Bevölkerung haben wird.
Sollte keiner von diesen seine Mission erfüllen, so werden die Hopi-Führer ihre Gebetsfedern unter Anrufung des Großen Geistes an den vier Enden der Erde niederlegen. Er aber wird den Blitz veranlassen, die Menschen der Erde zu schlagen. Nur die Rechtschaffenen werden wieder zum Leben erwachen. Wenn aber alle Menschen sich vom Großen Geist abgewandt haben, dann wird er die großen Wasser veranlassen, die Erde wieder zu bedecken. Wir Menschen werden dann die Chance verspielt haben, immerwährendes Leben zu erlangen. Es heißt, daß danach vielleicht Ameisen die Erde bewohnen werden.
Aber wenn die drei ihre heilige Mission erfüllen und wenn einer oder zwei oder drei Hopi bis zum letzten Augenblick den uralten Lehren und Weisungen treugeblieben sind, dann wird Massau'u, der Große Geist, vor denen erscheinen, die gerettet werden, und die drei werden einen neuen Lebensplan (Life Plan) entwerfen, der zu einem immerwährenden Leben hinführen wird. Diese Erde wird neu werden, sie wird sein, wie sie am Anfang war. Blumen werden wieder blühen, wilde Tiere werden heimkehren, und es wird für alle Nahrung im Überfluß geben. Diejenigen, die gerettet worden sind, werden alles gleichmäßig miteinander teilen. Sie werden alle den Großen Geist erkennen, Stämme werden untereinander heiraten, und sie werden eine Sprache sprechen. Eine neue Religion wird gegründet werden, wenn die Menschen es wünschen.
Dies ist es, was die Hopi wissen und was sie erwarten, indem sie trotz aller Mühsal bis zum heutigen Tage ihrer Lebensform (way of life) treugeblieben sind. Denn sie bewahren dieses Land und dieses Leben für alle rechtschaffenen Menschen.

Die Bösen unter den Weißen sind gerade jetzt dabei, das letzte uns noch verbliebene Land fortzunehmen. Man verweigert uns noch immer viele Dinge, darunter auch das Recht, als Hopi zu leben und unseren Lebensunterhalt in Übereinstimmung mit unseren religiösen Weisungen zu verdienen. Die Hopi-Führer haben die Führer im Weißen Haus und die Führer im Haus aus Glas gewarnt, aber sie hören nicht.
Wir stehen jetzt an einer Wegkreuzung: Entweder folgen wir dem Weg, der zu immerwährendem Leben führt, oder wir folgen dem Weg, der in die totale Zerstörung führt! Die Hopi bewahren immer noch die heiligen Steintafeln, und sie warten nun auf die Ankunft ihres Wahren Weißen Bruders . . .«

Thomas Banyacya, Oraibi, Arizona
(*R. Clemmer* 1978, S. 47f.)

3 Der Prophezeiungsfelsen (»Prophecy Rock«) auf der Hopi-Reservation

Nach Auffassung vieler Hopi ist diese hier zitierte Hopi-Prophezeiung auch in einer Felszeichnung des »Prophecy Rock« (des »Prophezeiungsfelsens«) auf der Hopi-Reservation nahe dem Ort Oraibi wiedergegeben. Hier eine getreue graphische Darstellung der Zeichnung des Prophezeiungsfelsens, die von einem Hopi angefertigt wurde:

Nach meinen Erkundigungen auf der Reservation im Sommer 1987 erscheint es sicher, daß diese Felszeichnung erst zwischen den Jahren 1890 und 1905 angefertigt wurde. Der Hopi-Kenner Tom Tarbet, wohnhaft in Santa Fe, New Mexico, äußerte in einem Gespräch im August 1987 die Ansicht, daß die Zeichnung im Jahre 1904 von Qötsiventewa (vom Bow-Clan) oder von Wik-vaya (vom Sand-Clan), dem Großvater mütterlicherseits des John Lansa aus Old Oraibi, in den Fels eingezeichnet wurde.

Obwohl die Zeichnung sich also in der Nähe des ältesten Hopi-Dorfes Oraibi befindet und obwohl sie in einen massiven, vertikal stehenden Felsblock eingeritzt wurde, der von der Third Mesa weit über das Hopi-Land schaut, genau der aufgehenden Sonne entgegen, so kann diese Felszeichnung doch nicht *das* Alter und damit *die* historische Relevanz für sich beanspruchen, wie sie den mündlichen Überlieferungen der Hopi-Prophezeiung und auch den Tafeln zukommt.

Wenn wir aber die Gestaltung auf dem »Prophecy Rock« mit dem verbalen Inhalt der Hopi-Prophezeiung (s. Kap. 2) vergleichen, so erkennen wir, daß es sicherlich keine zwingende, aber doch eine mögliche Konvergenz zwischen beiden gibt. So kann man die Figur unten in der Felszeichnung sehr wohl – wie es Hopi-Informanten tun – als Massau'u, den Großen Geist, deuten, der den aus der Unterwelt auftauchenden Menschen den Weg des Lebens, den »Hopi Way of Life«, weist: die nach oben führende Linie. Sonne (oder Mond) und Sterne (oder ein Symbol der vier Himmelsrichtungen) neben dieser Linie können als Symbole der kosmischen Kräfte gedeutet werden, denen sich dieser Weg verbunden weiß. Denn der »Hopi Way of Life« ist gekennzeichnet durch Nähe zur Natur, zumal zur Erde, durch Pflege des Bodens, durch ein bescheidenes, fleißiges, demütiges und einfaches Leben.

Doch nicht alle Menschen folgen diesem idealen Lebensplan. So jedenfalls werden die beiden nach rechts führenden Linien gedeutet. »Es gibt zwei Wege, denen sie folgen können, der Weg des Großen Geistes oder der Weg . . . des Weißen« (Dan Katchongva). Die untere Linie symbolisiert danach den spirituellen Weg, den rechten Weg der Hopi. Da wächst der Mais, da erreicht der Mensch ein hohes Alter (denn er benötigt offensichtlich einen Stock zum Gehen), und der Weg kennt kein Ende, denn er führt über den Rand des Felsens hinaus. Ob die Figur auf diesem Weg einen alten Menschen oder aber Massau'u bei seiner Rückkehr am Ende dieser Welt repräsentiert, darüber gibt es unterschiedliche Auffassungen. Die zweite Deutung würde Massau'u am Beginn und am Ende des Lebensweges der Hopi dargestellt sehen.

Die obere Linie kann dann als der materialistische, der falsche Weg gedeutet werden, und das ist für den traditionellen Hopi der Weg des Weißen Mannes, welcher allerdings zunehmend auch von Hopi beschritten wird. Denn die Verbindungslinien zwischen den beiden Lebenswegen bedeuten wohl, daß es für den Menschen immer Übergänge zwischen den zwei »ways of life« in beiden Richtungen gibt. Die Menschen, die dem Weg des Weißen Mannes folgen, werden am Ende der Zeit gerichtet, und es heißt deshalb, daß die Figuren ursprünglich ohne Kopf dargestellt waren, denn eine der vorgestellten Strafen für die Übeltäter am Ende dieser Welt ist die Enthauptung. Auch ist deutlich, daß dieser Weg keine Zukunft hat, denn er endet nach wirrem Hin und Her auf dem Stein selbst im Nichts. Dieses entspricht der Prophezeiung, daß der Weiße Mann sich und die Welt zerstören wird, nachdem er zuvor den Hopi viele Schwierigkeiten bereitet und auch versucht hat, sie von ihrem Weg abzubringen. Die Zickzack-Linie mag dabei den Verlust an Ordnung und die dem Ende vorhergehenden Drangsale und Leiden symbolisieren – eine Situation, die mit dem Hopi-Wort »Koyaanisqatsi« bezeichnet wird.

Die zwei ersten Kreise auf dem Weg der Hopi werden im Zusammenhang mit der Prophezeiung gern als die ersten zwei großen Erschütterungen der Welt in unserer Zeit gedeutet, also als der Erste und Zweite Weltkrieg. Der dritte, nicht vollständig ausgezogene Kreis könnte dann die dritte große Katastrophe, die endgültige Läuterung, symbolisieren. Dan Katchongva, traditioneller religiöser Führer der Hopi und Verkünder der Hopi-Prophezeiung, sagte auf dem »Hopi Meeting of Religious People« im Dorf Hotevilla am 4. August 1956 (Wilder und Bentley o. S.):

»Eine andere Prophezeiung, die uns überliefert worden ist, besagt, daß es drei große Kriege auf dieser Erde geben wird. Irgendeiner wird den Krieg beginnen und er wird eine Weile dauern und dann zu Ende gehen; jemand anders wird ihn wiederum beginnen, und danach wird er für eine kleine Weile aufhören; dann wird der dritte Krieg beginnen, und er wird kein Ende finden, bis alles auf dieser Erde gereinigt ist und die Bösen vernichtet sein werden.«

So oder ähnlich wird diese Felszeichnung auf dem »Prophecy Rock« von einigen traditionellen Hopi gedeutet. Der genannte Dan Katchongva (1977, S. 15f.) schreibt:

»Der Große Geist verpflichtete uns, seinem Lebensweg zu folgen. Er gab uns das Land, um es zu benutzen und für es zu sorgen durch unsere zeremoniellen Pflichten. Er belehrte uns und zeigte uns den Plan der Wege, der unser Leben leiten soll. Wir schrieben diesen Plan auf einen Felsen, so daß dieser uns immer daran erinnern würde, dem geraden Weg zu folgen. Die Hopi dürfen nicht von diesem Weg abweichen, oder der Große Geist wird dieses Land von uns fortnehmen. Dieses ist die Warnung, die uns Massau'u gegeben hat.«

Eine ähnliche Interpretation legt auch Thomas Banyacya mit seiner eigenen Zeichnung vor, die er der Felszeichnung des »Prophecy Rock« nachgebildet hat:

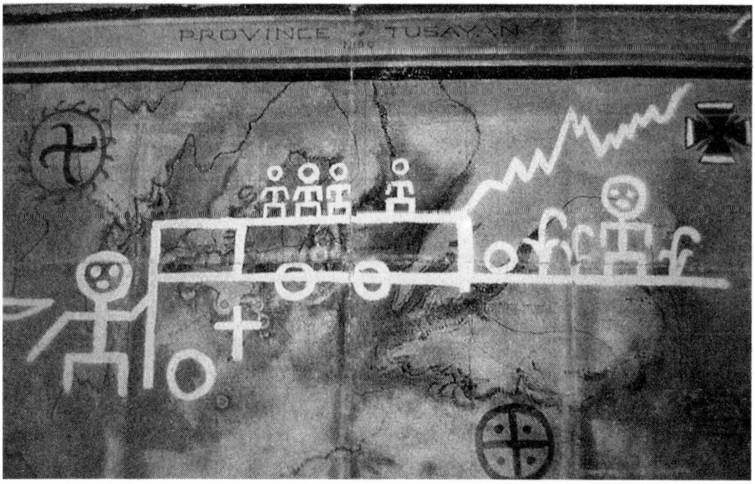

Außer einer schematischen Nachbildung der Felszeichnung des »Prophecy Rock« sieht man, daß Thomas Banyacya einige zentrale alte Hopi-Symbole, die in Kapitel 2 interpretiert wurden, hinzugefügt hat.

Er erklärt diese seine Zeichnung folgendermaßen (Hopi Mental Health Conference 1982, S. 40f.):

»Unsere Hopi-Geschichte und unser Wissen teilen uns mit, daß wir zur Zeit des Auftauchens in dieser Welt das Geistwesen trafen, dem diese Welt gehört. Es begegnete uns, und wir baten es, unser Führer zu sein. Es weigerte sich jedoch und sagte, daß wir unsere eigene Mission zu erfüllen hätten, bevor es daran denken könne, unser Führer zu werden. Es breitete dann dieses Leben für uns aus. Es gab uns Anweisungen. Dieses wird dadurch symbolisiert, daß es die eine Linie in seiner Hand hält.
Der Kreis unten in der Zeichnung symbolisiert die physikalische Welt und die Schöpfung. Wir gingen auf unsere Reisen, die Klan-Wanderungen. Rechtzeitig erreichten wir einen bestimmten Punkt, vielleicht schon vor tausend Jahren. Dort begegneten wir wieder Massau'u. Er gab uns weitere Anweisungen. Den Hopi gab er einen Lebenspfad, dem sie folgen sollten. Dieser wird durch die gerade Linie angezeigt, die quer verläuft. Dem Weißen Bruder gab er andere Anweisungen. Dieser Weiße Bruder ging deshalb weiter nach oben ...
Bei dem zweiten Treffen teilte uns Massau'u mit, daß es innerhalb des Lebens dieser gegenwärtigen Welt drei Lebensphasen geben werde, in denen die ganze Welt erschüttert werden würde. Drei Völker würden aufstehen und die Welt erschüttern. Wir deuten diese Erschütterungen als Weltkriege. Oben links in der Zeichnung sehen wir ein Symbol, das sich auch auf zeremoniellen Rasseln der Hopi befindet, die Kindern geschenkt werden ...
Die Rassel symbolisiert die Welt. Die Figuren auf der Rassel zeigen die Symbole derjenigen Länder, die die Welt dreimal erschüttern werden. Ich denke, das Hakenkreuz in der Mitte symbolisiert das deutsche Volk, denn sie hatten dieses Zeichen als Symbol. Sie brachten die Vereinigten Staaten in den Ersten und den Zweiten Weltkrieg hinein. Das Symbol der Sonne kennzeichnet das japanische Volk, das die Vereinigten Staaten in den Zweiten Weltkrieg gebracht hat. Pasivaya (ein alter religiöser Führer von Shipaulovi) sagte mir, daß die dritte Nation, die sich erheben werde, ihre nationalen Symbole in roter Farbe haben werde. Das Volk würde rote Mützen oder rote Kleider tragen. Zweimal ist die Welt jetzt schon erschüttert worden. So steht nur noch eine große Kriegserschütterung aus.
Nach diesem zweiten Treffen mit Massau'u ging der Weiße Bruder seines Weges, und wir Hopi gingen unseres Weges, entsprechend den Anweisungen. Aber es war vorhergesagt, daß wir uns eines Tages wiedertreffen würden, daß nämlich dieser Weiße Bruder zurückkehren werde, um uns zu reinigen, so daß wir wieder ein Volk werden würden. Die Linie oben in der Zeichnung bedeutet also dieses: Sie zeigt die Reise des Weißen Bruders, der sich als schlau und begabt offenbart. Er erfindet viele wissenschaftliche

Dinge. Deshalb zeigen die ersten drei Figuren auf der oberen Linie die Entwicklungsstufen des Weißen Mannes, seine wissenschaftlichen Fortschritte vom Wagen über das Automobil zum Flugzeug. Die Kreise unter den Figuren prophezeien die drei Kürbisschalen voller Asche, die auf die Erde fallen sollen. Die ersten beiden Kreise deuten wir als die Atombomben, die im Zweiten Weltkrieg auf Japan geworfen wurden.
Die Figuren ohne Kopf auf der oberen Linie symbolisieren die Hopi, die wie Weiße geworden sind. Es sind die Hopi, die ihren Lebensweg verlassen haben und wie Weiße geworden sind. Sie sind diesem Lebensweg verfallen, dem einfachen Leben, dem Leben mit modernen Apparaten; und sie kümmern sich nicht mehr um den Lebensweg der Hopi. Diese Hopi laden andere Hopi ein, ihrem Weg zu folgen. Wenn aber alle Hopi sich hiervon einfangen lassen, dann wird das Leben so sein wie die Linie rechts oben. Es wird auf und ab gehen, und es wird Durcheinander, Erdbeben, Überflutungen und Trockenperioden geben. Die alten Leute sagen, daß wir uns jetzt in diesem Stadium des Lebens befinden.
... Aber es ist prophezeit, daß eine Lebensphase kommen wird, wenn jene Hopi, die wie Weiße geworden sind, sich ihres falschen Tuns bewußt werden und versuchen werden, sich wiederum den Hopi anzuschließen, die ihrem Lebensweg treu geblieben sind. Dieses wird symbolisiert durch die Linie, die hinten nach unten geht zum Lebensweg der Hopi. Wenn dieses geschieht, dann wird eine Zeit der Einheit sein, in der alle Hopi zusammenarbeiten. Dann sind wir zurückgekehrt zu dem Lebensplan, den der Große Geist für uns ausgelegt hat. Dieses wird durch den Kreis und durch den Mais symbolisiert.
Es ist vorausgesagt, daß wir noch einmal mit Massau'u zusammentreffen werden (zur Zeit der Reinigung?). Er wird uns richten. Und wenn wir es verdienen, mit ihm weiterzuleben, dann wird er bereit sein, Führer der Hopi zu werden. Danach werden wir ein glückliches Leben haben.
Wie man sehen kann, handelt diese einfache Zeichnung von der ganzen Welt, von ihrem Anfang bis zu ihrem Ende.«

Diese Erläuterungen verraten schon, daß die Felszeichnung nicht von allen Hopi in der gleichen Weise verstanden und gedeutet wird. Man erkennt hier eine gewisse Identifizierung von Weißem Bruder und Weißem Mann. Manche Hopi würden diese Interpretation nicht teilen. Viele weisen darauf hin, daß es sich bei jeder Deutung der Felszeichnung um eine subjektive Interpretation handelt und daß niemand weiß, was sie im Sinn dessen, der sie angefertigt hat, genau und sicher bedeuten sollte.
Daß die Zeichnung auf dem »Prophecy Rock« jedoch tatsächlich eine

graphische Darstellung der zwei unterschiedlichen Lebenswege beabsichtigt, wird auch durch folgende Überlegung nahegelegt: In den Jahren, als die Zeichnung angefertigt wurde (1890–1905) stand der nahegelegene Ort Oraibi in einer harten inneren Auseinandersetzung um die Frage, ob man sich der Kultur der Weißen total versagen solle oder nicht. Diese Auseinandersetzung führte 1906 praktisch zum Auseinanderbrechen des Ortes, wobei etwa die Hälfte der Bewohner Oraibi verließ und einige Meilen weiter ein eigenes Dorf (Hotevilla; etwas später entstanden aus diesem Zwist noch die Dörfer Bakabi, Moenkopi und Kykotsmovi) gründete.

Diese zeitliche Parallelität der Auseinandersetzung in Oraibi und der Anfertigung dieser Felszeichnung mag also dafür sprechen, daß hier tatsächlich das Leben des Weißen Mannes und das Leben der Hopi nebeneinander dargestellt sind und daß hier tatsächlich ein Hopi aus dem Ort Oraibi sich den akuten politischen, gesellschaftlichen und geistigen Zwist in seinem Heimatort in der Gestaltung der Felszeichnung vom Herzen »schrieb«. Und wenn der Schöpfer dieser Zeichnung zur Gruppe der »Hostiles« gehörte, also zur Gruppe derjenigen Einwohner von Oraibi, die gegen die Zusammenarbeit mit den Weißen war, dann dürfte auch die oben gebotene Interpretation richtig sein; denn dann hat die Felszeichnung die didaktische Absicht, anderen Hopi die Prophezeiung und die zwei Lebenswege der Menschen anschaulich vor Augen zu führen. – Daß die unten dargestellte Figur Massau'u repräsentiert, der die aus der Unterwelt heraufkommenden und in dieser Welt eine Wohnstatt suchenden Hopi empfängt, ist ohnehin kaum umstritten.

Es ist aber klar, daß die verbale Tradierung der eigentlichen Prophezeiung als zentraler Teil des mythischen Denkens der Hopi unabhängig ist von der Felszeichnung und auch viel älter als diese.

Eine besondere Überraschung war es für mich, von dem schon genannten Tom Tarbet zu erfahren, daß es in Kanada eine (wahrscheinlich auch von Indianern angefertigte) Felszeichnung gibt, die der Zeichnung auf dem Hopi-»Prophecy Rock« sehr ähnlich ist. In einem Gespräch in seinem Haus am 13. August 1987 teilte er mir mit, daß er durch einen Bekannten von einem »Sarcee Prophecy Rock« in Alberta/Kanada gehört habe – die Reservation der Sarcee-Indianer ist in der Nähe der

Stadt Calgary – und folgende Nachbildung dieser Felszeichnung erhalten habe:

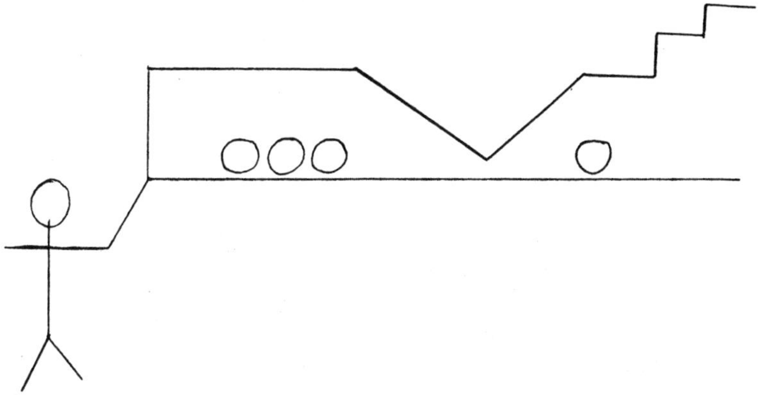

Eine Ähnlichkeit mit der Felszeichnung auf der Hopi-Reservation ist unverkennbar. Vor allem die Zeichnung des Großen Geistes und der beiden Linien, die wir oben als mögliche Darstellung der beiden unterschiedlichen Lebenswege gedeutet haben, findet sich auch in dieser Felszeichnung. Allerdings kommen sich die beiden Linien der zwei Lebenswege an einer Stelle sehr nahe, gehen dann aber wieder auseinander und entfernen sich immer weiter voneinander. Statt der drei Kreise in der Hopi-Felszeichnung, die als Erschütterungen der Welt und als endgültige Reinigung gedeutet werden, gibt es hier insgesamt vier Kreise. Schließlich fehlt die Darstellung von Menschen auf jedem der beiden Lebenswege. Ansonsten aber ist die Ähnlichkeit der beiden Darstellungen frappierend. – Leider war ich selbst nicht in der Lage, die Angaben von Tom Tarbet, die dieser wiederum von einem Bekannten erhalten hatte, an Ort und Stelle in Kanada zu überprüfen.

4 *Die Steintafeln der Hopi-Mythologie*

Den Wahren Weißen Bruder werden die Hopi nach ihrer Überzeugung bei seiner Rückkehr an den Steintafeln erkennen, die er bei sich haben wird, und die genau zu der Tafel (oder zu den Tafeln) passen werden, die in den Dörfern Oraibi und Hotevilla für diesen Zeitpunkt der Wiedererkennung aufbewahrt werden. Diese Tafeln (eine Tafel des Feuer-Klans und drei Tafeln des Bären-Klans) dürften sehr viel älteren Datums sein als die Zeichnung auf dem Prophezeiungsfelsen, und sie sind deshalb auch wohl enger mit der Geschichte und dem Ursprung der Hopi-Prophezeiung verknüpft. Natürlich kann niemand sagen, wann die Zeichnungen auf diesen Tafeln entstanden sind. Nach allgemeiner Überzeugung der Hopi wurden ihre Linien vom Großen Geist Massau'u (bzw. von der Gottheit des Bären-Klans, Söqönhonaw) am Beginn dieser Welt selbst eingezeichnet – oder eingehaucht –, um so den Menschen die Weisungen des Großen Geistes sichtbar in die Hand zu geben. – Die Parallele zu den Tafeln, auf denen Mose von Gott die Zehn Gebote erhielt, liegt auf der Hand.
Eine Tafel, die dritte Tafel des Bären-Klans, befindet sich heute in Oraibi in der Obhut der ältesten Tochter von John und Mina Lansa,

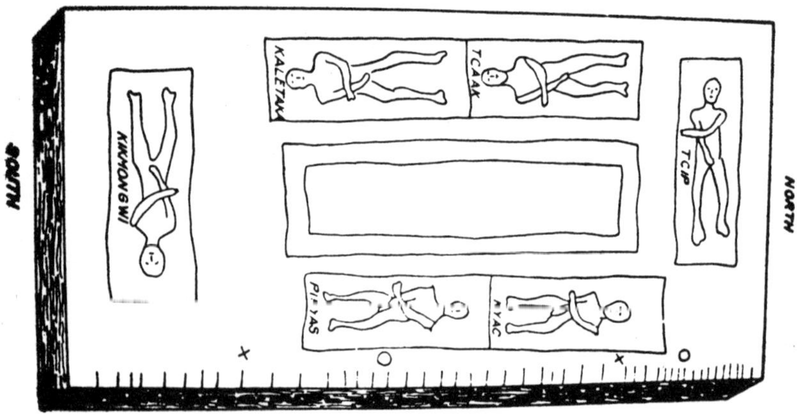

Annamae. Sie ist meines Wissens bisher nur zwei Weißen gezeigt worden, den Völkerkundlern und Schriftstellern *Mischa Titiev* (zwischen 1932 und 1934) und *Frank Waters* (1960).
Beide haben sie in ähnlicher Form nachgezeichnet und beschrieben. Seite 38 die Nachzeichnung von *Mischa Titiev* (1974, S. 60).
Die Nachzeichnung der Tafel bei Frank Waters weicht unwesentlich von dieser Zeichnung ab. Allerdings hat Frank Waters auch die Rückseite dieser Tafel gesehen und nachgezeichnet. Auf ihr befindet sich eine größere Zahl von Symbolen, die alle für die Hopi sehr wichtig sind: Wolken, Maispflanzen, Schlange, Sonne, Mond, Sterne, Bärenspuren, der Geist des Schöpfers.
Hier die Nachzeichnung beider Seiten von *Frank Waters* (1980, S. 47):

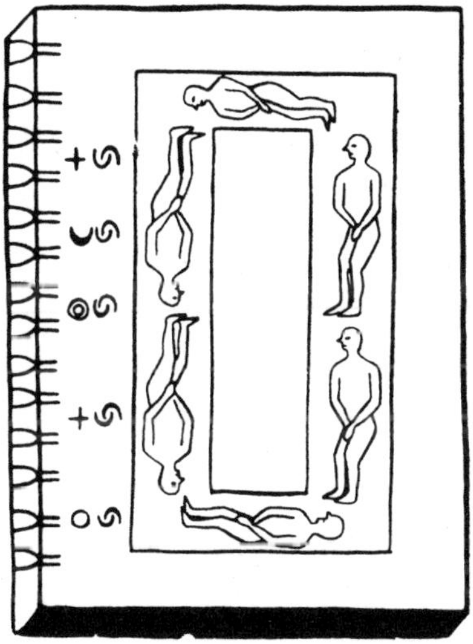

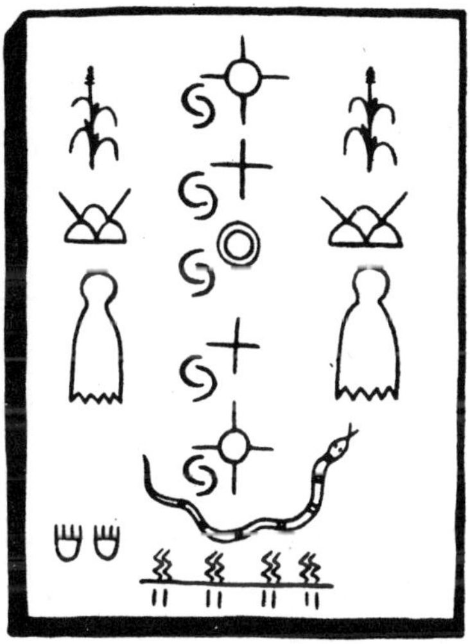

Die Rechtecke auf der Vorderseite symbolisieren nach übereinstimmender Auffassung die Grenze des Landes, das den Hopi vom Großen Geist zugesprochen wurde, als sie ihn in dieser (vierten) Welt trafen. Sie bringen deshalb den Anspruch der Hopi auf das ihnen in Gemeinschaft gehörende Land zum Ausdruck. Dieser Landanspruch wird auch dadurch unterstützt, daß die sechs eingezeichneten Personen alle mit einer Hand auf dieses Land hinweisen.

Wer mit diesen Figuren gemeint ist, darüber sind sich allerdings die beiden Zeugen nicht einig: Nach Frank Waters stellen die sechs Personen die Führer der wichtigsten Klane der Hopi dar. Nach Mischa Titiev sind damit die Priester der Soyal-Zeremonie gemeint, eine der wichtigsten religiösen Zeremonien der Hopi überhaupt. – Die kleinen Zeichen an der »östlichen« Seite des Steines markieren nach Mischa Titiev den wahren »Hopi Way of Life«.
Man sieht: Es handelt sich bei diesen alten Zeichnungen um Beschriftungen mit Zeichen und Bildern, die erst auf dem Wege über eine Interpretation eine Verbindung mit den Inhalten der Hopi-Prophezeiung bekommen. In sich stellen sie keineswegs eine schlüssige Darstellung des Hopi-Mythos und der Hopi-Prophezeiung dar.
Der Stein ist etwa 25 × 18 × 3 cm groß und stellt – wie gesagt – eine von drei Tafeln dar, die dem Bären-Klan, dem führenden Klan bei den Hopi, gegeben wurden. An der Tafel, die der Feuer-Klan besitzt, fehlt eine Ecke. Nach der Überzeugung vieler Hopi ist diese im Besitz des zurückkehrenden Weißen Bruders. Er wird sie bei seiner Ankunft als Erkennungszeichen mitbringen.
Diese anderen drei Tafeln sind meines Wissens nie einem Weißen gezeigt worden. Allerdings hat *Frank Waters* (1980, S. 44–46) sie nach der Beschreibung von Hopi-Informanten gezeichnet und beschrieben. Es ist aber unsicher, welchen Grad an Authentizität diese Reproduktionen haben. Auf ihre Wiedergabe an dieser Stelle wird deshalb verzichtet.
Von der Tafel des Feuer-Klans heißt es bei *Frank Waters* (1980, S. 44f.):

»Massau'u war die Gottheit des Feuer-Klans; kurz bevor er sein Gesicht von ihnen abwandte und unsichtbar wurde, gab er ihnen die Tafel zur Erinnerung an seine Worte.
Dies ist, was er sagte und wie es auf der Tafel eingezeichnet ist: ›Wenn der Feuer-Klan in seine endgültige Heimat gewandert ist, wird die Zeit kommen, da ihn ein fremdes Volk überwältigt. Die Mitglieder des Klans werden gezwungen sein, ihr Land und Leben nach dem Willen der neuen Herrscher einzurichten, oder man wird sie wie Verbrecher behandeln und bestrafen. Sie sollen aber keinen Widerstand leisten, sondern auf die Person warten, die sie befreit.‹«

Außerdem heißt es von dieser Tafel des Feuer-Klans,

»daß sie zu gegebener Zeit aufgespalten werden wird und dann weitere Zeichnungen im Inneren freigibt, die offenbaren werden, wer die Hopi eigentlich sind.« (*F. Waters* 1980, S. 361)

Der Aufenthaltsort der Tafeln – außer der zuerst gezeigten und beschriebenen dritten Tafel des Bären-Klans – ist heute ungeklärt. Nach meinen Erkundigungen wissen selbst Hopi-Informanten nicht, wo und in wessen Obhut sie sich befinden: ein Beispiel für die im Einflußbereich der dominanten weißen Kultur langsam desintegrierende Kultur eines uralten Naturvolkes und seiner Naturreligion. Es gibt bei den Hopi aber auch die Erwartung, daß die Tafeln »eines Tages wieder auftauchen werden, um die Verheißung des Schöpfers von Frieden und Gerechtigkeit wahrzumachen« (*F. Waters* 1980, S. 311).
Der religiöse Führer Dan Katchongva schrieb zusammenfassend zum Thema Prophezeiungen, Steintafeln und Felszeichnung (1977, S. 17): »Die Prophezeiungen der zukünftigen Dinge wurden von Mund zu Mund weitergegeben. Die Steintafeln und die Felszeichnung des Lebensplanes wurden oft von den Führern eingesehen.«

5 *Wie beurteilt der durchschnittliche Hopi die traditionellen Prophezeiungen seines Stammes heute?*

In zahlreichen Interviews und Gesprächen mit Hopi-Frauen und Hopi-Männern aus zehn (der insgesamt zwölf) Dörfer und aus 15 Klanen des Hopi-Volkes im Sommer 1987 hat sich u. a. folgendes Bild herauskristallisiert:

Im Bewußtsein der allermeisten erwachsenen Hopi spielt die Prophezeiung ihres Volkes eine wichtige Rolle. Zwar gibt es Stammesmitglieder, die nicht in die Erwachsenenbünde initiiert wurden, etwa weil sie Mitglieder einer christlichen Glaubensgemeinschaft sind oder weil sie als Stadtindianer nicht auf der Reservation leben. Ihnen fehlt damit der ursprüngliche Zugang zu Mythos und Prophezeiung, welcher heute vor allem in den vorbereitenden Belehrungen und Einführungen für die Initiationsriten geboten wird – in etwa vergleichbar dem Kommunion- oder Konfirmandenunterricht in unseren christlichen Kirchen. Andererseits sind aber zahlreiche Elemente des Mythos und der Prophezeiung in das Alltagsleben, das Alltagsgespräch und z. B. auch in Informationsveranstaltungen der Hopi-Mental-Health-Konferenzen, die seit 1981 jährlich auf der Reservation stattfinden, eingegangen, so daß es praktisch doch nur wenige erwachsene Hopi gibt, denen die Stammesmythen gänzlich fremd sind.

Vor allem die Prophezeiung ist mit je unterschiedlichen Elementen im Bewußtsein der meisten erwachsenen Hopi präsent. Sie wird in einer Publikation des Hopi Health Department (1981, S. 9) deshalb wohl mit vollem Recht als »einer der wichtigsten Gestalter des Lebens der Menschen auf der Reservation« bezeichnet. Und dies gilt nicht nur für die traditionell eingestellten Mitglieder des Stammes, bei denen man das erwartet, sondern auch für solche, die sich stärker mit der dominanten Kultur der Weißen arrangiert haben, wie z. B. viele Vertreter des Stammesrates (Tribal Council) und der Stammesverwaltung. Auch zum Christentum übergetretene Hopi weisen dieses Stück traditioneller

Hopi-Religion nicht von sich, sondern versuchen vielmehr, die Hopi-Prophezeiung mit biblischen Prophezeiungen in Einklang zu bringen. Das kann dann so weit gehen, daß die Indianer Amerikas – im Sinne der mormonischen Tradition – als die Nachfahren der verlorenen Stämme Israels bezeichnet werden (eine Auffassung, die es nach Columbus auch in Europa gab) und daß die sprachliche Ähnlichkeit der Namen »Massau'u« und »Messias« als Beweis für ihre inhaltliche Identität gedeutet wird.

W. K., ein religiöser Sprecher von First Mesa, nach dessen Auffassung die endzeitliche Läuterung »just around the corner« (unmittelbar bevorstehend) ist, sprach von Gott als dem Vater. Sein Sohn sei Massau'u. Und wie die Juden die Auserwählten des Alten Testamentes gewesen seien, so seien die Nachfahren der verlorenen Stämme Israels, also die Indianer und insbesondere die Hopi, die Auserwählten unserer Zeit. – Auffallende Mischungen von biblischen und indianischen Traditionen tun sich hier auf.

Auch solche Hopi, die sich als sogenannte ›Fortschrittliche‹ stärker der weißen Kultur angepaßt haben und etwa für den Abbau der Kohle und anderer Mineralien auf der Hopi-Reservation durch »weiße« Minengesellschaften eintreten, versuchen, die Prophezeiung als Legitimation ihres eigenen Tuns zu deuten. So heißt es in einer Pressemitteilung aus dem Jahre 1972, die von dem damaligen Vorsitzenden des Hopi-Stammesrates autorisiert war: »... Unsere Vorfahren haben uns gesagt, daß der Schöpfer wertvolle Ressourcen in den Boden gelegt hat und daß es unsere Verpflichtung ist, diese Ressourcen zu entdecken und sie zum Wohle des Menschen zu nutzen. Und dies ist genau das, was wir tun ...« (*R. Clemmer* 1978, S. 50).

Wir können aus den Quellen der Prophezeiung (Kap. 2) entnehmen, daß traditionell eingestellte Hopi aus ihr genau die umgekehrte Anweisung für den Umgang mit dem Land und seinen natürlichen Ressourcen herauslesen: ein Beispiel für die je individuelle Interpretation des eigenen Mythos. So sind zwar die Inhalte der Prophezeiung bei den meisten interviewten Hopi in etwa gleich. Die Interpretation der einzelnen Inhalte jedoch ist mitunter recht unterschiedlich.

Außerdem ist bei vielen Hopi, vor allem bei den älteren und den mehr traditionell eingestellten, ein psychologisches Merkmal auffallend, das

sich wohl aus der jahrehundertelangen Erwartung des Älteren Weißen Bruders entwickelt hat: Sie neigen zu einer passiven Grundhaltung und äußern die Erwartung, daß Hilfe für sie von außen kommt. So sagte selbst der damalige Vorsitzende des Hopi-Stammesrates im Jahre 1974 in einem Interview der New York Times: »Unsere Hopi-Traditionen haben uns gelehrt, daß wir durch unseren Weißen Bruder gerettet werden« (*R. Clemmer* 1978, S. 50).
Wiederholt brachten Hopi-Personen in Interviews zum Ausdruck, daß sie sich in eine Ecke gedrängt und ohne Ausweg (»besieged«, »cornered«) fühlten und daß Hilfe für sie von außen kommen müsse. Ein alter Mann äußerte ausdrücklich die Überzeugung, daß wir Deutschen ihnen zu Hilfe kommen müßten, wenn die Amerikaner ihnen keinen Raum mehr zum Leben ließen.
So hat die jahrhundertelange Erwartung des Älteren Weißen Bruders offensichtlich eine Haltung verstärkt, die sich mehr am »Erwarten« als am »Anpacken« orientiert und die auf einen Helfer, also auf Rettung von außen wartet. Man kann es auch so sagen: Die »vita contemplativa« von Indianern, ihre Neigung zu einem mehr kontemplativen Lebensstil, läßt sie der »vita activa« des abendländischen Herkules ewig unterlegen sein.

In jedem Falle scheint die Apokalypse, die heute mit der Hopi-Prophezeiung verbunden ist, aus folgenden Grundelementen gemischt zu sein:
a. Aus einer zyklischen Geschichtsbetrachtung. Schon mehrere Welten vor dieser vierten haben das gleiche Schicksal einer Zerstörung erlebt. Eine zyklisch wiederkehrende Reinigung und Erneuerung der Welt erscheint notwendig.
b. Aus dem Versuch, Gerechtigkeit wieder herzustellen unter den Menschen. Das ist nötig, da viele Menschen den Weg des Großen Geistes verlassen haben.
c. Aus dem Versuch, den Zusammenprall zwischen Weiß und Rot, zwischen Europäern und Indianern, zu lösen. Dabei muß vor allem das Unrecht ausgeglichen und wiedergutgemacht werden, das die Weißen den roten Völkern angetan haben. Dazu gehören die Rückgabe des Landes und die Wiederherstellung des verlorenen Gleichgewichts zwischen Mensch und Natur.

d. Aus der Warnung, daß der materialistische und naturentfremdete Weg der Weißen in die Katastrophe führt, also die Apokalypse heraufbeschwört. Dieses kommende Ende kann aber noch abgewendet werden, wenn die Menschen zum Weg des Großen Geistes zurückkehren.

Bis zu welchem Grade ein zentraler Punkt der Prophezeiung auch ein Teil des alltäglichen Hopi-Lebens geworden ist, zeigt das folgende Diagramm:

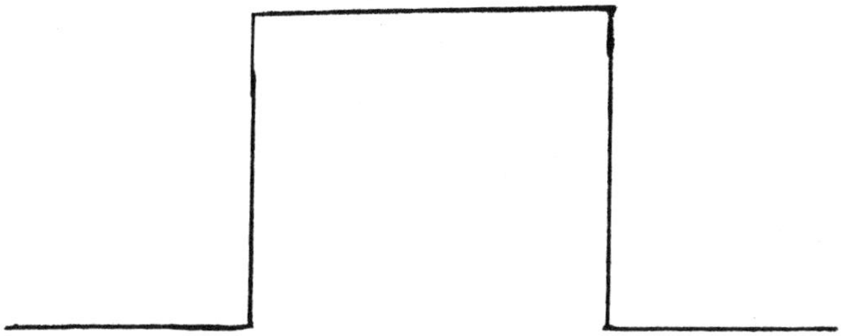

Es handelt sich hierbei zum einen um das Brandzeichen, mit dem Hopi ihre Rinder markieren, damit sie nicht von den benachbarten Navajo oder von Weißen beansprucht werden können. Da besagt dieses Zeichen also einfach: »Dies ist (Eigentum der) Hopi!«
Der Ursprung dieses Zeichens ist aber wohl, daß es den traditionellen Hopi-Haarschnitt markiert, den man auch heute noch bei traditionell eingestellten Hopi-Männern findet: Die Haare hängen als Pony in die Stirn und fallen an den Seiten lang bis fast auf die Schultern herab. Menschen des Hopi-Stammes sagen, dieser ›Rahmen‹ markiere das ›Fenster‹, aus dem heraus sie in sehnsüchtiger Erwartung Ausschau hielten nach dem zurückkehrenden Weißen Bruder. Dan Katchongva (1977, S. 32) drückt es so aus: »Ich schaue unentwegt nach Osten zur aufgehenden Sonne und bete, daß mein Wahrer Weißer Bruder kommt und die Hopi reinigt.«
So hat der Mythos vom Älteren Weißen Bruder das Hopi-Leben bis in alltägliche Gestaltungselemente hinein geprägt. Daran mag sichtbar werden, daß eben dieses Mythologem des erwarteten Retters das Zentrum der Hopi-Prophezeiung darstellt. Wichtig ist außerdem, daß die Prophezeiung bei den Hopi – wie oben schon angedeutet – nicht ein

isolierter Text ist, sondern daß sie als ein Teil in die zentralen Stammesmythen eingebunden ist. Die Prophezeiung wächst sozusagen aus den Stammesmythen heraus, ist gewissermaßen die Verlängerung des Mythos aus der Vergangenheit und der Gegenwart in die Zukunft hinein. So sagte R. C., der stellvertretende Vorsitzende des Hopi-Stammesrates, 1983: »Sie ist überall um uns herum, ganz egal, was wir tun: Wir selbst sind die ›Prophezeiung in ihrem Fortgang‹« (Hopi Mental Health Conference 1983, S. 15). – Und L. J., der stellvertretende Direktor des Hopi Health Department, äußerte im gleichen Jahr: ». . . die Hopi-Prophezeiung, das universale Wissen, auf das die Hopi sich verlassen als eine leitende Kraft« (S. 12).

So werden Mythen und Prophezeiung bei den Hopi vielfach nicht auseinandergehalten. Und die Benennung des gesamten mythischen Verbundes der Vergangenheit und der Zukunft ist oftmals nicht »Prophezeiung«, sondern »Mythos«, »Geschichte«, »Hopi-Lebensplan« (»Hopi Life Plan«), »Lehre«, »Anweisung«. Damit werden Kategorien des Mythos der Vergangenheit auf die Prophezeiung der Zukunft angewendet, sozusagen in die Zukunft hinein verlängert: so etwa das Motiv der sich wiederholenden Welten und das Motiv der Reinigung.

Darum kann man auch die Prophezeiung nicht aus dem Gesamtmythos herauslösen, denn nur im Zusammenhang des Mythos kann man sie verstehen und beurteilen. So ist etwa die prophezeite Läuterung und Zerstörung dieser Welt eine Art Wiederholung der Zerstörung von drei vorhergehenden Welten in der Hopi-Mythologie. Und auch die erwartete Wiederkehr des verlorenen Weißen Bruders versteht man nur richtig, wenn man weiß, daß diese Wiederkehr die Trennung zwischen dem älteren und dem jüngeren Bruder beenden soll, die nach der mythischen Vorstellung in der Vorzeit geschehen ist.

Außerdem: Nach dem mythischen Bewußtsein der Hopi ist die zeitliche Entwicklung ein »unfolding« (Entfalten) der Samen, die von Anfang an in dieser Welt angelegt waren: »Zukünftige Ereignisse haben ihre Samen in der Vergangenheit« (*R. Clemmer* 1978, S. 51). Und: ». . . der Hopi-Mythos als ein Prozeß und eine Reihe von Ereignissen, deren Samen in der Vergangenheit gesät wurden und deren endgültiges Ende weit in der Zukunft sein mag« (S. 77).

Dieses Verständnis der Zukunft als eines Entfaltens von angelegten Samen fordert geradezu Prophezeiungen als Teil der mythischen Sinngebung der Welt heraus. Prophezeiung in diesem Verständnis ist offensichtlich ein Teil des Versuches, der Welt und dem menschlichen Leben Sinn zu geben. Ob Prophezeiungen auch eintreten, also in diesem Sinne wahre Prophezeiungen sind, läßt sich natürlich immer erst nachher, also nach Eintritt des prophezeiten Ereignisses, feststellen. Aber selbst im Alten Testament trifft nur ein Teil der Prophezeiungen tatsächlich ein. Diese Tatsache erlaubt uns einen Blick auf die Doppelnatur religiöser Prophezeiungen: Sie sagen nicht einfach nur voraus, was geschehen wird, sondern sie sind auch immer zugleich Aufruf und Warnung. D. h., Prophetien gelten immer nur bedingt: Wenn sie als Warnungen Erfolg haben und eine Umkehr der Menschen bewirken, brauchen sie als Voraussagen keinen Erfolg mehr zu haben, denn sie haben sich gewissermaßen selbst überflüssig gemacht.
Die Konzepte der »Emergence« (des Auftauchens der Menschen in dieser Welt) und der »Purification« (der Läuterung der Welt am Schluß) stellen also für die Hopi die periodisch wiederkehrenden Grenzpunkte der menschlichen Existenz in dieser Welt dar: Anfang und Ende, Vergangenheit und Zukunft. In diesem Rhythmus läuft das Universum ab – und das jetzt nicht zum ersten, sondern schon zum vierten Male.
Dieser Rhythmus »von Ebbe und Flut« bedeutet auch eine periodische Revitalisierung der menschlichen Rasse. Diese Revitalisierung wiederum bedeutet zugleich eine Erneuerung des »Hopi Way of Life«. Wenn die westliche materialistische Weltanschauung der Weißen überhandnimmt, wird notwendigerweise eine große Läuterung kommen als Vorbedingung der Wiederbegründung einer neuen Welt wahrer indianischer Spiritualität.
Entstehung – Entartung – Läuterung/Zerstörung – Revitalisierung/ Neuschöpfung: Das ist der periodische Rhythmus der kosmischen Weltalter; das ist das mythische Grundmuster eines nicht-linearen, sondern eines zyklischen Prozesses; das ist die auf Weltalter-Dimensionen gebrachte Erfahrung von Entstehung, Zerstörung und Wiedergeburt, die von allen Menschen in den Rhythmen des Tages/der Nacht, des Jahres und des Menschenlebens gemacht wird; das ist das archaisch sehr verbreitete Thema des periodischen Todes und der periodischen

Erneuerung der Welt; das ist für den Hopi das Entfalten der Samen, die von Anfang an in der kosmischen Bewegung stecken. Deshalb gehören mythische Vergangenheit und mythische Zukunft zusammen, ist die Prophezeiung eigentlich der Mythos für die Zukunft. Und deshalb kann ein Hopi auch aus der Vergangenheit die Zukunft erkennen:
»Wir Hopi wußten, daß alles dieses sich ereignen würde, denn dieses ist der universale Plan. Es wurde vom Großen Geist und vom Schöpfer geplant ... Wenn wir überleben wollen, sollten wir zurückkehren zu der Weise, wie wir am Anfang lebten, der friedfertigen Weise, und sollten alles akzeptieren, was der Schöpfer als unseren Lebensweg vorgesehen hat« (*Dan Katchongva* 1977, S. 30). – Dieses bedeutet zugleich, daß Bewahren und Wiederherstellen der zu Beginn gegebenen Weltordnung für einen traditionellen Hopi viel wichtiger ist als Fortschritt und Entwicklung zu etwas Neuem hin.

6 *Was wissen wir über die Geschichte der Hopi-Prophezeiung?*

Da die Hopi-Sprache keine Schrift kannte, wurden weder die Mythen von der Entstehung des Volkes noch die Prophezeiungen von der Zukunft dieser Welt schriftlich niedergelegt, so wie wir es aus der Tradition des Alten Testamentes kennen. Die einzigen schriftlichen Aufzeichnungen bestanden in den Zeichnungen der Steintafeln und in der Zeichnung des Prophezeiungsfelsens auf der Reservation. Da der Prophezeiungsfelsen – wie oben gesagt – aber erst gegen 1900 seine Zeichnung erhalten hat, hat er nicht unbedingt den Rang eines altehrwürdigen historischen Zeugnisses und Dokumentes.

Die oben (Kap. 4) erwähnten vier Tafeln – eine Tafel des Feuer-Klans und drei Tafeln des Bären-Klans – dürften sehr viel älteren Datums sein und sind deshalb wohl enger mit der Geschichte und dem Ursprung der Hopi-Prophezeiung verknüpft. Nach Überzeugung der Hopi wurden ihre Linien vom Großen Geist Massau'u am Beginn dieser Welt selbst eingezeichnet – oder eingehaucht –, um so den Menschen die Weisungen des Großen Geistes sichtbar in die Hand zu geben. Aber auch diese Zeichnungen stellen – wie wir oben festgestellt haben – keineswegs an sich eine schlüssige Darstellung des Hopi-Mythos und der Hopi-Prophezeiung dar; vielmehr erhalten sie erst auf dem Wege über eine Interpretation eine Verbindung mit den Inhalten der Hopi-Prophezeiung.

Andere schriftliche, vor allem verbale, Darstellungen des Hopi-Mythos und der Hopi-Prophezeiung gibt es nun aber nicht. Es gibt darum auch für die Hopi selbst keine Möglichkeit, das Alter der Prophezeiung zu bestimmen. Sie berufen sich deshalb auf ihre Vorfahren, von denen sie diese Weisungen erhalten haben, die diese selbst wiederum von ihren Vorfahren bekommen haben. So geht es im Rückgriff weiter, bis man schließlich an den Beginn dieser Welt und zu der Offenbarung des »Hopi Life Plan« durch den Großen Geist gelangt.

Erst in den letzten Jahrzehnten ist eine Schrift für die Hopi-Sprache entwickelt worden (übrigens unter Mitwirkung des deutschen Linguisten Ekkehard Malottki, der nahe der Reservation in der Stadt Flagstaff eine Professur innehat). Somit erscheinen erst seit einigen Jahren Texte der Hopi-Sprache in schriftlicher Form. Wir sind also auf englische Texte von Ethnologen angewiesen, wenn wir die frühesten Erwähnungen des Hopi-Mythos und der Hopi-Prophezeiung in der Literatur finden wollen.

Tatsächlich war es im Jahre 1858, als der Ethnologe Jacob Hamblin, der mit Missionaren der Mormonen auf die Reservation gekommen war, Elemente der Prophezeiung der Hopi zum erstenmal schriftlich erwähnte. Er schreibt, er und seine Missionare seien zunächst als die vorausgesagten Weißen begrüßt worden, zwei Monate später aber habe es unter den Klan-Führern der Hopi einen Streit darüber gegeben, ob diese weißen Missionare als die »Weißen« anzusehen seien, die von ihren Vätern prophezeit worden seien. Daraufhin zogen die Missionare es vor, sich vom Gebiet der Hopi zurückzuziehen.

Dies ist die älteste schriftliche Erwähnung der Hopi-Prophezeiung und der erste schriftliche Bezug auf den späterhin dann meistens so genannten »Älteren Weißen Bruder« (Bahana), dessen Weg nach Osten in der Hopi-Mythologie geschildert und dessen Rückkehr zu den Hopi in der Hopi-Prophezeiung vorausgesagt werden. Und sogleich bei dieser ersten schriftlichen Erwähnung der Prophezeiung tut sich für die Hopi diejenige Frage auf, mit der sie sich seit 1858 dann immer wieder herumgeschlagen haben und die auch bis heute noch nicht gelöst ist: Ob die in ihrer Mythologie und in ihrer Prophetie zentrale Figur des sogenannten Älteren Weißen Bruders mit dem Weißen Mann identisch ist oder nicht. Höchstwahrscheinlich schon vor 1858, jedenfalls aber nachweislich wiederholt in den Jahrzehnten danach, hat es immer wieder Hopi-Personen gegeben, die in der Ankunft der weißen Europäer (oder später der weißen Amerikaner) die ihnen prophezeite und von ihnen sehnsüchtig erwartete Rückkehr ihres Älteren Weißen Bruders gesehen haben. Verständlicherweise waren diese Personen in der Regel geneigt, mit den Weißen zusammenzuarbeiten und die Lebensform der Weißen als die bessere und daher auch für sie gültige anzuerkennen. Für diese Hopi bestand dann geradezu der rechte Weg, der zur Rettung und zum Heil führt, in der Übernahme der Lebensform der Weißen.

In direktem Gegensatz dazu sind viele Hopi sehr bald nach der Begegnung mit Weißen zu dem Schluß gekommen, daß es sich bei diesen Menschen in keinem Fall um den sehnsüchtig erwarteten Weißen Bruder handeln könne. Sie empfanden, daß das Handeln der Weißen und ihre gesamte Einstellung zur Natur und zu den Mitmenschen in keiner Weise zu den Bildern paßten, die ihre Mythologie von dem hilfreichen, richtenden und rettenden Weißen Bruder gezeichnet hatte. Denn dieser – obwohl eine ambivalente Figur – würde nicht stehlen, lügen, ihnen nicht das Land und den Glauben wegnehmen. Für diese Hopi bestand also der Weg zum Heil gerade nicht in einer Übernahme der Lebensform der Weißen, sondern in deren strikter Ablehnung und in der sorgfältigen Pflege des traditionellen »Hopi Way of Life«.

So haben sich hier in der geschichtlichen Auseinandersetzung der Hopi mit den Weißen zwei Gruppierungen herausgebildet, die aufgrund der Interpretation der eigenen Mythologie zu genau entgegengesetzten Urteilen über die Weißen und über die richtige eigene Lebensform gelangten. Das soll an einigen Beispielen näher erläutert werden:

»Als die (spanischen) franziskanischen Mönche (nach 1540) kamen«, so sagte John Lomavaya 1955 bei der Anhörung der Hopi durch die Indianerverwaltung der Weißen (Hopi Hearings), »dachten die Hopi zunächst, sie seien der Ältere Weiße Bruder. Dann aber entdeckten sie bald, daß sie es nicht waren.«

Bei der gleichen Gelegenheit sprach der Hopi Earl Munzewa die ihn befragenden weißen Beamten als »Älteren Bruder« an, der nun vom Osten zurückgekehrt sei, und er fügte hinzu: »Ich bin froh, daß ihr uns gefunden habt.«

K. T. Johnson, der als ehemals religiöser Führer der Hopi 1922 selbst zum Christentum übergetreten war und danach alle in seiner Obhut befindlichen Zeremonialgegenstände verbrannt hatte, verglich bei dieser Anhörung der Hopi im Jahre 1955 den Mythos von dem Älteren Weißen und dem Jüngeren Roten Bruder mit der biblischen Geschichte von Kain und Abel: »Diejenigen, die die Lebensform der Weißen zurückweisen, ergreifen symbolisch den Weg Kains; diejenigen, die ihn akzeptieren, ergreifen den Weg Abels.« Man sieht, was zu erwarten war: Die Neigung oder Abneigung zur Zusammenarbeit mit den Weißen ergibt sich aus der jeweiligen Interpretation der eigenen Mythologie.

Auch das schicksalhafte Auseinanderfallen des größten und ältesten Hopi-Dorfes Oraibi im Jahre 1906 lag genau in diesem Gegensatz begründet: Eine Hälfte der Bevölkerung (die sogenannten »Friendlies«) glaubte, in den weißen Amerikanern den erwarteten Weißen Bruder zu entdecken und wollte deshalb mit ihnen grundsätzlich zusammenarbeiten – während die andere Hälfte (die sogenannten »Hostiles«), darin eine irrtümliche Identifizierung und einen Verrat an der eigenen Kultur, Tradition und Religion sah. Nach einer harten, aber noch gewaltfreien Auseinandersetzung verließ diese zweite Gruppe eines Abends das Dorf und gründete einige Meilen entfernt eine neue Siedlung.

Die zwiespältige Rolle der Weißen bei der Suche nach der Identität des Älteren Weißen Bruders wird auch aus einem kleinen persönlichen Erlebnis deutlich: Im Sommer 1987 ging ich mit einem weißen amerikanischen Ethnologen durch das leer und verlassen wirkende Hopi-Dorf Shipaulovi auf der Second Mesa. Plötzlich hörten wir aus einem Fenster eine eifrige Kinderstimme: »Bahana, Bahana!« (die traditionelle Benennung für den Älteren Weißen Bruder). Für uns wurde kein Gesicht sichtbar. Das Kind aber hatte uns gesehen und teilte seine Beobachtung den Eltern mit.

Tatsächlich wird auf der Reservation heute praktisch jeder Weiße als »Bahana« bezeichnet. Das Wort hat also seine Bedeutung ausgeweitet vom »Älteren Weißen Bruder« auf »alle Weißen« – ein Vorgang, der diesem Begriff die oben skizzierte politische und psychologische Sprengkraft verleihen muß.

Das Motiv des Weißen Bruders taucht nicht zufällig in der ersten schriftlichen Dokumentation von Hopi-Prophezeiungen (1858) auf. Es handelt sich hierbei offensichtlich um *das* zentrale und wohl auch um ein sehr altes Motiv der Hopi-Mythologie, das wahrscheinlich vor die Zeit der ›Entdeckung‹ Amerikas durch Europäer zurückreicht. Zwar scheint der Hopi-Forscher Mischa Titiev (1974, S. 71) mehr der Ansicht zuzuneigen, daß die Hopi den Mythos vom Älteren Weißen Bruder entwickelt haben, um ihre erste Begegnung mit Weißen (den Spaniern 1540 und später) zu verarbeiten. Andere Forscher (z. B.

Richard O. Clemmer, Jerry Levy) oder Freunde der Hopi (z. B. Zula Brinkerhoff) sind aber der Ansicht, daß das Motiv des Älteren Weißen Bruders vor die Zeit des Columbus zurückreicht.
Der Schriftsteller und Hopi-Kenner Frank Waters ist davon sogar so sehr überzeugt, daß er ein farbiges Bild davon entwirft, wie die ersten Weißen im Lande der Hopi, also die Spanier, im Jahre 1540 von den Hopi empfangen wurden: als verlorener und nun zurückgekehrter Älterer Weißer Bruder. Historisch nachweisbar ist diese Interpretation der die Hopi zunächst beglückenden und dann enttäuschenden Ankunft der Spanier wohl nicht. Die Erzählung von Frank Waters gestaltet aber ein beherrschendes Motiv der Hopi-Weltanschauung und ihres Verhaltens in eindrücklicher und überzeugender Weise (sie ist deshalb am Ende dieses Kapitels wiedergegeben). Da die Sehnsucht der Menschen nach dem Helfer, nach dem Erlöser unendlich ist und da sich in der Hopi-Mythologie eben diese Erwartungen an den Älteren Weißen Bruder knüpfen, können wir wohl davon ausgehen, daß dieses Motiv des »Bahana«, des Älteren Weißen Bruders, tatsächlich sehr alt ist.
Auch das Motiv der Steintafeln ist – wie diese selbst – vermutlich alt, obwohl anscheinend erst nach dem Zweiten Weltkrieg in den Prophezeiungstexten größerer Nachdruck auf diese Tafeln gelegt wird. Dagegen ist das Motiv des »gourd of ashes«, der Kürbisschale voller Asche – die, auf die Erde geworfen, große Teile derselben zerstören wird – wahrscheinlich jüngeren Datums; ebenso das Motiv der drei großen Kriege, von denen wir erst zwei, nämlich die beiden Weltkriege, hinter uns haben. Die »gourd of ashes« wird als Teil der Prophetie erst in den Jahren 1945/1946 überliefert und dann gleich mit dem Abwurf der Atombomben auf Japan identifiziert. Wahrscheinlich ist dieses Motiv ursprünglich gar nicht mit der Hopi-Prophezeiung verbunden gewesen, sondern stammt wohl aus einer religiösen Zeremonie der Hopi (vgl. *A. Geertz* 1987, S. 42).
Das Motiv des »House of Mica«, des Hauses aus Glimmer oder Glas (das mit dem Gebäude der UNO in New York identifiziert wird) sowie die Motive der Straßen am Himmel und der Spinnweben, durch welche die Menschen miteinander sprechen können, sind wahrscheinlich ebenfalls jüngeren Datums. Das gleiche gilt schließlich auch von den Helfern, die den Weißen Bruder bei seiner Rückkehr begleiten werden

und von denen der eine durch das Hakenkreuz, der andere durch das Zeichen der Sonne charakterisiert ist. Diese zwei Helfer des Weißen Bruders scheinen erst in den Jahren 1959/60 zum erstenmal in der Literatur nachweisbar zu sein. Ich traf im Sommer 1987 etliche Hopi mittleren Alters auf der Reservation, die noch nie von diesen beiden Begleitern gehört hatten. Die Ansicht, daß Hakenkreuz und Sonne bei der Läuterung eine bedeutende Rolle zu spielen haben, scheint um das Jahr 1940 herum – wohl unter dem Eindruck des Zweiten Weltkrieges – zum ersten Male aufzutauchen und wird dann um 1959/60 herum schriftlich faßbar. Das gleiche Jahr (1959/60) gilt übrigens auch als »Erscheinungsjahr« des Merkmals einer roten Mütze oder eines roten Mantels als Kleidungsstück des zurückkehrenden Weißen Bruders*.

Wir können also feststellen, daß der Ältere Weiße Bruder und seine erwartete Rückkehr mit den Tafeln als Erkennungszeichen zum ältesten Bestand und damit zum Kernbestand der Hopi-Prophezeiung gehören. Die apokalyptischen Motive dagegen (z. B. »gourd of ashes«, Bestrafung und Zerstörung), das Endzeitdenken, das Sprechen von den drei Erschütterungen der Welt, von den zwei Begleitern des Älteren Weißen Bruders und von der anstehenden Läuterung scheinen überwiegend jüngeren Datums zu sein und sich aus dem immer noch lebendigen mythischen Prozeß (›living mythic process‹) entwickelt zu haben. Es sind aber vor allem diese letzten Aspekte der Prophezeiung, die von traditionellen Führern der Hopi in ihren Reden und Briefen heute in den Vordergrund gestellt werden – und es sind auch eben diese eschatologischen Motive, welche die Imagination der Menschen in der westlichen Welt besetzt haben, weil sie hier auf ein gleichgeartetes Lebensgefühl treffen.

Wir sollten also zwischen dem weniger endzeitlich geprägten alten und traditionellen Kern der Hopi-Prophezeiung und den stärker apokalyptisch geprägten späteren Deutungen, Weiterentwicklungen und Interpretationen unterscheiden: Ursprünglich soll der Ältere Weiße Bruder vor allem die Verwandlung der Welt zu ihrer nächsten Stufe vollziehen

* Jerrold Levy, ein amerikanischer Ethnologe, wies mich darauf hin, daß es auch in der Bibel heiße, der Retter werde mit etwas Rotem kommen. Weder konnte er mir aber die Stelle nennen, noch habe ich diese selbst finden können.

– inzwischen ist er zu einem Richter und Zerstörer geworden*; ursprünglich gibt es wohl nur einen »Purifier« – inzwischen wird meist von zwei Helfern, also von insgesamt drei »Purifiern« gesprochen; ursprünglich bedeutet der Gedanke der Reinigung das periodisch notwendige Herausfiltern des Bösen, also eine Säuberung – inzwischen wird die Reinigung (möglicherweise unter christlichem Einfluß) auch als Bestrafung verstanden; ursprünglich ist die Prophezeiung der in die Zukunft weisende Teil des »Hopi Way of Life« – inzwischen hat die Prophezeiung seit der Entscheidung über ihre Publizierung (1947) ein solches Gewicht gewonnen, daß sie sich gegenüber dem Gesamtmythos relativ verselbständigt und ausgefächert hat. Da sich in der gleichen Zeit (seit dem Zweiten Weltkrieg) auch Leben und Kultur der Hopi unter dem Ansturm der »weißen« Zivilisation entscheidend verändert haben, gibt es hier eine Parallelität der Entwicklung. Richard Clemmer, dessen Forschungsergebnisse ich in diesem Kapitel wiederholt herangezogen habe, sprach in einem persönlichen Gespräch 1987 sogar davon, daß man in diesem Zusammenhang die Prophezeiung als ein Barometer des Kulturwandels betrachten kann.

Die uns zunächst vielleicht befremdlich erscheinenden Wandlungen, Entwicklungen und Ausformungen der Hopi-Prophezeiung während der vergangenen Jahrzehnte sollten uns tatsächlich weniger überraschen: Zum einen fördert zweifellos die Nichtexistenz einer Schrift, d. h. eine rein mündliche Tradierung, die Wandlungsfähigkeit eines Mythos. Aus den gleichen Gründen ist auch das tatsächliche Alter eines mythologischen Motivs in einer schriftlosen Kultur nur sehr schwer zu ermitteln. Zum anderen sind die Wandlungen der Hopi-Prophezeiung auch ein Zeugnis des noch lebendigen mythischen Prozesses bei den Hopi. Es gab und gibt bei ihnen keine Orthodoxie und keine dogmatische Festlegung dessen, was einzig richtig und zu glauben ist.

Bei einer schriftlosen Kultur wäre das wohl auch schwierig zu bewerk-

* Es gibt Ethnologen, die diese Entwicklung des Weißen Bruders von einem zurückkehrenden Helfer zu einem zurückkehrenden Richter und Bestrafer auf christliche Einflüsse zurückführen: Tatsächlich spielt das Bild eines zürnenden Gottes auf dem Richterstuhl im biblischen und christlichen Denken bekanntlich auch heute noch eine bemerkenswerte Rolle. Auch bei der Vorstellung des am Ende der Zeit zurückkehrenden Christus im Neuen Testament gibt es die Doppelfunktion des Richters und des Retters. Und der »Jüngste Tag« hat bekanntlich auch den Namen »Jüngstes *Gericht*«.

stelligen; und man kann diesen Umstand durchaus eher als Vorzug denn als Nachteil verstehen. Denn durch diesen lebendigen mythischen Prozeß gehört das Schaffen von Mythen und das Aussprechen von Prophezeiungen nicht (wie in christlichen Kirchen) einer endgültig abgeschlossenen Vergangenheit an, sondern ist Teil der Gegenwart. Das heißt, es können auch gegenwärtige politische, soziale und geistige Probleme und Bedrängnisse in diesen Prozeß einfließen, so daß die Menschen dadurch vielleicht eine Distanzierung von, und eine Objektivierung der andrängenden Gegenwart bewirken und erlangen können.

Wie es kein endgültig fixiertes Corpus von Hopi-Mythen und Hopi-Prophezeiungen zu geben scheint, so gibt es verständlicherweise erst recht keine einzig gültige Interpretation der mythischen und prophetischen Motive und Geschehnisse. Deshalb konnte und kann es unter den Hopi zu der heftigen Auseinandersetzung kommen, ob die Weißen mit dem zurückkehrenden Weißen Bruder identisch sind oder nicht. Diese Freiheit individueller Interpretation konnte sogar dazu führen, daß ein religiöser Führer, Dan Katchongva, im Jahre 1940 die Vermutung äußerte, Hitler sei möglicherweise der Weiße Bruder, da er die Welt einer so gründlichen Prüfung und Reinigung zu unterziehen scheine.

Es gibt natürlich nach 1858 weitere (schriftliche) Zeugnisse der Hopi-Mythologie einschließlich der Hopi-Prophezeiung, so zum Beispiel aus den Jahren 1883, 1903, 1911 und 1935. 1883 erhielt der amerikanische Ethnologe Frank Cushing von einem nicht genannten Hopi in Oraibi eine vollständige Version des Hopi-Ursprungsmythos und der Hopi-Prophezeiung, die allerdings erst 1924 veröffentlicht wurde. Darin wird der Ältere Bruder mit den weißen Amerikanern identifiziert. – 1903 schrieb der Mennoniten-Missionar H. R. Voth, der lange bei den Hopi arbeitete, den Ursprungsmythos nieder, den ihm Yukioma, Führer des Feuer-Klans in Oraibi, erzählte. Darin wird zwischen dem Älteren Bruder und den Weißen deutlich unterschieden. – Die Version von 1911, ebenfalls von Yukioma, versteht die Weißen möglicherweise als Vorläufer des Älteren Bruders, nicht aber als ihn selbst. – 1935 erzählte der Dorfälteste von Oraibi, Tewaquaptewa, den Hopi-Mythos einschließlich der Prophezeiung dem amerikanischen Ethnologen Mischa Titiev, und der Hopi-Führer Dan Katchongva erzählte ihn dem Präsidenten der Mormonen in Salt Lake City, Edgar Young. Darin berichtet Katchongva, daß der Weiße Bruder bei seiner Ankunft alle Übel der Hopi heilen wird, indem er die Bösen vernichtet, d. h. den »Zwei-Herzen« den Kopf abschlägt. Danach wird er den rechtschaffenen Hopi ein Leben geistigen und materiellen Reichtums bescheren. – 1936 schließlich stellt Oliver La Farge, ein weißer Forscher, Politiker und Romancier, fest, daß wohl 75 Prozent der Hopi ihre Prophezeiung als eine absolute Wahrheit annehmen und daß auch die anderen 25 Prozent, die angeben, der Prophezeiung nicht in allem zu folgen, diese dennoch kennen und sie für wichtig halten.

Auf die nähere Erläuterung dieser Quellen können wir hier verzichten, da es in ihnen u. a. auch immer wieder um die Rolle und die Deutung des Weißen Bruders geht. Auch waren es bis dahin nur einzelne Hopi, vor allem im Dorf Hotevilla, die dachten, es sei wichtig, die Welt von ihrer Prophezeiung wissen zu lassen. Es hatten aber zu dieser Zeit noch nicht führende Hopi aus verschiedenen Dörfern den Entschluß gefaßt, sich mit ihrer Prophezeiung bewußt an die breitere Öffentlichkeit zu wenden. Dieses geschah erst nach dem Zweiten Weltkrieg (vgl. Kap. 1). Insofern stellt dieser letzte große Krieg eine entscheidende Entwicklungsstufe bezüglich der allgemeinen Publizierung dieser Prophezeiung dar. Wenn auch vorher schon gelegentlich weiße Forscher auf die Hopi-Mythen einschließlich der Prophezeiung aufmerksam geworden waren, wie wir gesehen haben, und gelegentlich religiöse Führer der Hopi darüber gesprochen hatten, so wird doch erst nach dem Zweiten Weltkrieg die allgemeine Publizierung der Hopi-Prophezeiung von einer repräsentativen Gruppe religiöser Führer planmäßig ins Auge gefaßt und betrieben.

Eindrucksvolle Zeugnisse dieser »neuen Politik« sind neben zahlreichen Vorträgen, Briefen und Broschüren traditioneller Hopi-Führer vor allem auch die »Hopi-Hearings« von 1955 und das »Meeting of Religious People« von 1956. Vor allem dieses letztere Treffen, von Dan Katchongva im Dorf Hotevilla einberufen, wirkte im Sinne einer Veröffentlichung des Hopi-Mythos, denn ein Teil der Reden dieses Treffens wurde anschließend in einem kleinen Heft einer weiten Öffentlichkeit zugänglich gemacht (Bentley/Carpenter 1957). – Im übrigen wurde über die Entwicklung nach dem Zweiten Weltkrieg im 1. Kapitel dieses Buches berichtet.

*

Hier nun die oben erwähnte Darstellung von Frank Waters über die erste Begegnung von Hopi und Weißen im Jahre 1540:

»Entsprechend einem Mythos der Hopi-Indianer erhielten ihre Vorfahren nach ihrem Auftauchen in dieser neuen vierten Welt von dem Schutzgeist des Landes vier heilige Tafeln. Bei einer dieser Tafeln – sie war mit rätselhaften Markierungen versehen – war eine Ecke abgebrochen. Massau'u, der Schutzgeist, erklärte die Bedeutung der Tafel und ihrer seltsamen Markierungen:
Nachdem das Volk dauerhafte Wohnsitze gefunden habe, werde die Zeit kommen, so sagte er, wenn sie von einem fremden Volk würden überwältigt werden. Sie würden gezwungen werden, ihr Land zu entwickeln und entsprechend den Anordnungen eines neuen Herrschers zu leben, oder sie würden wie Verbrecher behandelt und bestraft werden. Massau'u warnte sie aber davor, Widerstand zu leisten. Sie sollten auf die Person warten, die sie befreien würde. Diese Person sei ihr verlorener weißer Bruder, Pahana (abgeleitet von Pasu = Salzwasser). Dieser werde mit den Menschen der aufgehenden Sonne über das große Salzwasser kommen und die fehlende Ecke der heiligen Tafel mitbringen. Er werde sie von ihren Verfolgern erlösen und eine neue und umfassende Brüderlichkeit des Menschen begründen.
Die Hopi vergaßen diese Prophezeiung nicht, als sie endlich ihre Wanderungen beendeten. Jedes Jahr wurde am letzten Tag der Soyal-Zeremonie in Oraibi eine Linie auf einen sechs Fuß langen Stock gezeichnet, der in der Obhut des Bären-Klans war. Diese Linie sollte die Zeit für die Ankunft des Pahana mit den Menschen der aufgehenden Sonne kennzeichnen. Die Hopi wußten auch, wo sie ihn treffen würden.
Wenn er rechtzeitig ankäme, entsprechend der Prophezeiung, sollten die Hopi ihn am Fuß des Weges empfangen, der den östlichen Mesa-Abhang hinauf nach Oraibi führt. Wenn er nicht pünktlich ankäme, dann sollten sie danach alle fünf Jahre an bestimmten Punkten dieses Weges, die durch die Prophezeiung bestimmt werden, auf ihn warten ... Jetzt war der Stab bis zu seinem Ende mit Markierungen gefüllt und die Hopi warteten auf die vorhergesagte Rückkehr ihres Erlösers Pahana ...
Sieben Jahre (nach dem Sieg des Spaniers Cortez über das Aztekenreich) marschierte Francisco Vasquez de Coronado mit einer strahlenden Mannschaft von ›Conquistadores‹ von Mexiko los, um die (spanische) Herr-

schaft in die unbekannte Wildnis des Nordens auszudehnen. Als er herausfand, daß die sieben goldenen Städte von Cibola nur aus den Lehmdörfern der Zuni-Indianer bestanden, schickte Coronado den Pedro de Tovar mit einer kleinen Streitmacht in die sogenannte Provinz Tusayan, wo man weitere sieben Dörfer vermutete.
Hier warteten die Hopi geduldig auf die Ankunft ihres Erlösers und verlorenen Weißen Bruders Pahana. Alle Klan- und Kiva-Führer der Hopi warteten auf die Spanier an der Stelle, die durch die Prophezeiung bestimmt worden war. Hier waren aus Maismehl vier heilige Linien über den Pfad gezogen worden.
Der Führer des Bären-Klans trat vor bis zu dieser Schranke und reichte seine Hand mit der Innenfläche nach oben dem Führer der weißen Götter, Tovar. Sollte er tatsächlich der wahre Pahana sein, dann würde er (das wußten die Hopi) seine eigene Hand mit der Handfläche nach unten ausstrecken und die Hand des Bären-Klan-Häuptlings ergreifen, um so ›nakwach‹, das uralte Symbol der Brüderlichkeit, zu bilden.
Tovar jedoch befahl einem seiner Männer barsch, ein Geschenk in die Hand des Bären-Klan-Häuptlings zu legen, da er glaubte, daß der Indianer irgendein Geschenk erwartete. Sofort wußten alle Häuptlinge der Hopi, daß der Pahana die alte Übereinkunft vergessen hatte, die zwischen ihren Völkern zur Zeit der Trennung (der Brüder voneinander) getroffen worden war.
Dennoch begleiteten sie die Spanier den Pfad hinauf nach Oraibi, gaben ihnen Nahrung und Quartier und erklärten ihnen die alte Übereinkunft. Sie waren der Ansicht, daß dann, wenn die zwei Völker endlich wiedervereint wären, jeder von beiden die Gesetze und die Irrtümer des anderen korrigieren würde, daß sie Seite an Seite leben und die Reichtümer des Landes miteinander teilen würden, daß sie ihre Glaubensüberzeugungen in einer Religion vereinigen und so die Wahrheit des Lebens in einem Geist allgemeiner Brüderlichkeit begründen würden.
Die Spanier verstanden nicht, noch waren sie in der Lage, die fehlende Ecke der heiligen Tafel beizubringen. Da wußten die Hopi, daß Tovar nicht der wahre Pahana war und daß ihnen Unannehmlichkeiten bevorstanden. Diese kamen tatsächlich mit weiteren spanischen Expeditionen. Es kam die verhaßte ›Sklaven-Kirche‹, es kamen Tyrannei und Blutvergießen. Und den zwei Jahrhunderten spanischer Herrschaft folgte ein Jahrhundert amerikanischer Vorherrschaft.
Eines Tages – und zwar bald – wird es vorüber sein. Die Hopi warten immer noch geduldig auf den wahren Pahana und auf die Menschen der aufgehenden Sonne.« (*F. Waters* 1981, S. 160ff.)

*

Und hier die journalistische Spiegelung dieser Erwartung in einem Zeitungsmagazin unserer Tage und unseres Landes (*J. Werner* 1986, S. 34f.):

»Ob er noch kommen wird? Ob er den mühsamen Weg durch die zermürbende Weite des großen Canyon finden wird? Ob ihn nicht die sengende Hitze der Mesas abschrecken wird, jener ebenen Wüsten, die aussehen, als habe der Schöpfer vor Vollendung seines Planes den Landstrich fluchtartig verlassen? Ob er sie nicht schon vergessen hat? Er wird kommen. Eines Tages wird der Führer des Bären-Klans vor seine Stadt und an die Grenze treten, die, einer langen indianischen Tradition folgend, mit geweihtem Maismehl gezogen worden ist; er wird seine Hand ausstrecken und sie mit der Innenfläche nach oben dem Fremdling entgegenhalten. Und der Weiße Mann, der die Anhöhe heraufgeschritten ist, wird diesen Gruß erwidern. Auch er wird seine Hand ausstrecken, mit der Innenfläche nach unten, die beiden Hände werden sich berühren zum Zeichen der Bruderschaft, und er wird dem Häuptling vor Freude zitternd das andere Teil der heiligen Tafel überreichen, um sich als der auszuweisen, der lange erwartet wurde: als der ehedem verlorengegangene und nun wiedergefundene Weiße Bruder. Noch immer hoffen die Hopi-Indianer auf die Wiederkunft von Pahana, ihrem von ihnen getrennten Stammesgenossen ...«

7 »Variations on a Theme«: Variationen der Hopi-Prophezeiung

Das vorhergehende Kapitel ließ Variationen der Prophezeiung im Verlauf der geschichtlichen Entwicklung erkennen. Das rein mündliche Tradieren der Mythologie und die skizzierte Freiheit von Orthodoxie führen selbstverständlich auch zu lokalen Variationen der Prophezeiung in verschiedenen Klanen, Dörfern und bei verschiedenen Individuen. R. Clemmer (1978, S. 41) formuliert sogar: »Es gibt so viele Interpretationen des Mythos, wie es individuelle Hopi gibt.« Zwar sind einige zentrale Motive relativ stabil (z. B. der Weiße Bruder, die Steintafeln). Doch andere, weniger zentrale Punkte haben einen mehr schwebenden Charakter und geben Gelegenheit, die Prophezeiung der jeweiligen (sozialen, politischen, psychologischen, regionalen) Situation – im Sinne des fortlaufenden mythischen Prozesses – anzupassen. So gibt es nicht nur je nach der Zeit, sondern auch je nach dem Ort, dem Klan, dem Dorf, der Mesa oder dem Individuum gewisse Variationen im Detail, vor allem in der Interpretation der Motive.

So sprechen alle vom Ende dieser Welt. Doch für die einen ist diese Welt die dritte in der Reihe von Welten, die alle zerstört wurden, für die meisten ist es aber die vierte. Nach Ansicht einiger wird es nach dem Ende der vierten Welt keine weiteren mehr geben, da vier die heilige Zahl ist. Die meisten glauben jedoch, daß es nach der vierten Welt eine fünfte geben wird, falls am Tage der Reinigung wenigstens ein oder zwei Menschen gefunden werden, die den Lehren des Großen Geistes treu geblieben sind. Wieder andere lassen es offen, ob es eine weitere Welt geben wird oder nicht.

Nahezu alle Hopi erwarten die Rückkehr des Älteren Weißen Bruders, der die einen dann richten, die anderen retten wird. Wer aber dieser weiße Bruder ist, darin gehen die Ansichten – wie schon oben gesehen – auseinander. Einige glauben, ihn im Weißen Mann zu erkennen. Andere sagen, daß damit die Seele, das Ich, eines jeden einzelnen gemeint sei – »my other self« – das am Ende dieser Welt

zurückkehre. R. H. meinte, vielleicht sei Jesus der Weiße Bruder gewesen, als er vor 2000 Jahren in diese Welt gekommen sei.
L. J., ein Hopi, der sich selbst nach verschiedenen religiösen Erfahrungen in seinem Leben als »a complete convert to Hopi religion« = »ein vollständiger Konvertit zur Hopi-Religion« bezeichnete, sagte, der Ältere Weiße Bruder sei nach seiner Überzeugung der Große Geist selbst. Er werde ›weiß‹ genannt, weil er völlig rein und makellos sei. Er werde jeden richten und ihn messen an den von ihm selbst am Anfang dieser Welt erstellten Weisungen, dem »true Hopi Way of Life«. Vor allem werde er jeden einzelnen an den Haaren hervorziehen und ihn auf Hopi fragen, ob er Hopi sprechen könne. Es genüge dann nicht, eifrig mit dem Kopf zu nicken. Man müsse dem Älteren Weißen Bruder vielmehr auch in der Hopi-Sprache antworten. Diese Beherrschung der Hopi-Sprache schließe dann die Friedhaftigkeit des Herzens ein. Denn das sei es, was der Name Hopi bedeute. Vielleicht werde Massau'u dann ein Baby als das einzige menschliche Wesen erkennen, das noch ganz rein und friedfertig in seinem Herzen sei.
Andere schließlich meinten, über die Identität des »True Bahana« sei nichts auszumachen. Für manche ist er aber ein Individuum; andere sehen in ihm eine ethnische Gruppe oder ein Volk. Wieder für andere ist er keine lebendige Person, sondern ein mythisches Wesen mit übernatürlichen Kräften: »Der Weiße Bruder kann eine Person sein oder ein Geistwesen« (R. Qu.). Eine Frau schließlich meinte halb scherzend: »Elder White Brother« sei vielleicht der deutsche Professor, der in Flagstaff lebe, die Hopi-Sprache so hervorragend beherrsche, darüber Bücher geschrieben habe und an der Entwicklung der Hopi-Schriftsprache beteiligt gewesen sei. Sie spielte damit auf den schon genannten deutschen Linguisten Eckehard Malottki an. Daß sie dabei nur halb scherzte, aber auch halb ernsthaft war, zeigt, welche Bedeutung der Beherrschung der Hopi-Sprache bei der Rückkehr des Weißen Bruders zugemessen wird.
M. L. stellte in einem längeren Gespräch fest, daß ich mich ausführlich und intensiv mit der Kultur und der Religion der Hopi beschäftigt hatte. Als wir zu der Frage kamen, wer der Ältere Weiße Bruder sei, sagte er, ich selbst könnte es zum Beispiel sein. Ich sei von weit her zu den Hopi gekommen und könnte viele von ihnen, die sich vom Erbe der Vorfah-

ren entfernt hätten, in der traditionellen Kultur und Religion der Hopi belehren. Das aber sei eine der Aufgaben des Älteren Weißen Bruders bei seiner Rückkehr. – Dazu passen die Worte von der Hopi Mental Health Conference (1981, S. 58): »Es ist gesagt worden, daß wir durch die Schulen (der Weißen) unsere Hopi-Identität verlieren werden und daß dann, wenn sie verloren ist, der Weiße kommen und beginnen wird, uns unsere eigene Kultur zu lehren.«

Keiner meiner Interview-Partner aber zweifelte an der Richtigkeit der Prophezeiung, daß der Ältere Weiße Bruder am Ende dieser Welt zurückkehren wird. E. S. hielt es allerdings für möglich, daß das Ende dieser Welt nicht unbedingt in Form einer globalen Katastrophe der Bestrafung und des Gerichtes kommen müsse. Es könne auch einfach der Übergang (»transition«) des einzelnen nach einem erfüllten und guten Leben von hier zu einer jenseitigen Existenz damit gemeint sein. Wenn aber statt eines rechten Lebens von den Menschen ein schlechtes Leben geführt werde, dann könne eines Tages die Zeit reif sein für einen globalen Akt der Bestrafung und des Gerichtes.

Alles dieses sind, musikalisch gesprochen, »variations on a theme« = »Variationen über ein Thema«. Es hat bei älteren Hopi auch die Auffassung gegeben, daß sich hinter dem Weißen Bruder der Deutsche verberge – oder daß der Deutsche jedenfalls mit dem einen Begleiter des zurückkehrenden Weißen Bruders gemeint sei. Als im Jahre 1981 bei einer Tanzzeremonie auf der Reservation ein sehr alter Hopi erfuhr, daß ich Deutscher sei, sagte er nach einigem Zögern zu mir: »Ja, ihr Deutschen müßt uns dann helfen, wenn die Amerikaner kommen und diese Welt zu Ende geht.« Und der uralte Hopi und religiöse Führer David Monongye schrieb noch um 1980 in einem Brief an die Berliner Regionalgruppe der »Gesellschaft für bedrohte Völker«: ». . . das große Drama bereitet sich vor, in dem euer Land eine Rolle spielen wird« (*Doempke* 1982, S. 14).

Diese gelegentliche Identifizierung von Weißem Bruder (oder dessen Begleiter) und dem Deutschen hat einen leicht durchschaubaren und etwas makabren Hintergrund. Das Hakenkreuz ist ein altes Hopi-Symbol, das sich auf vielen zeremoniellen Rasseln, auf anderen heiligen Gegenständen und in Kunstdarstellungen immer wieder findet. Dabei weisen die Balken des Kreuzes manchmal nach rechts, manchmal nach links. Dieses Hakenkreuz wird von den einen gedeutet als Migrationssymbol, also als Zeichen der (mythisch außerordentlich wichtigen) Wanderung der Klane, bevor sie sich in dieser Wüstengegend niederließen; andere verstehen es als ein Zeichen der Lebenskraft, die hier von einer Pflanze symbolisiert sei, welche nach allen vier Himmelsrichtungen ausgreife.

Als Nazi-Deutschland das Hakenkreuz als nationales Symbol erkor, sahen manche Hopi darin wohl zunächst ein Zeichen geistiger und religiöser Verwandtschaft. C. T., eine alte traditionelle Hopi-Frau in Hotevilla, äußerte noch 1987 den Verdacht, daß die Nazis versucht hätten, mit der Wahl dieses Symbols die besondere spirituelle Energie der Hopi und ihrer Landschaft für sich nutzbar zu machen. – Auch die Tatsache, daß deutsche Naturwissenschaftler durch wichtige Entdeckungen und Erfindungen die gegenwärtige (atomare) Weltsituation entscheidend mitgeprägt haben, wird von einigen Hopi bei einer Erörterung der Rolle Deutschlands angeführt. Schließlich: Daß Deutschland (neben Japan) mit den zwei vorhergesagten großen Erschütterungen der Welt (nach der Interpretation mancher Hopi: den beiden Weltkriegen) so eng assoziiert war, hat den Deutschen (neben den Japanern) bei manchen Hopi im Verständnis der eigenen Mythologie einen besonderen Platz zugewiesen. Seitdem gibt es immer wieder einzelne Hopi oder auch Klane, die meinen, Deutschland oder die Deutschen hätten eine besondere Aufgabe in der Geschichte ihres Volkes und beim Vorgang der Läuterung wahrzunehmen (vgl. Kap. 3).

Dazu noch das folgende Zitat von T. B.:

»Baasivaya aus Shipaulovi . . . – er war damals etwa 86 Jahre alt – zeigte mir eine Rassel mit den Symbolen darauf. Das erste Symbol war dasjenige, das von den Weißen heute ›Hakenkreuz‹ (›swastika‹) genannt wird. Er sagte, daß eines Tages jemand in der Welt dieses Symbol vorzeigen werde. Sie würden diejenigen sein, die uns zweimal erschüttern würden. Sie würden sehr intelligent sein, würden viele Dinge erfinden und würden sich mit diesen Erfindungen an den Rand der Selbstzerstörung bringen. Sofort kam es mir in den Sinn, daß die Deutschen dieses getan hatten. Sie hatten das Symbol benutzt und sie waren in zwei Kriege verwickelt.

Nach der Meinung dieses alten Mannes reinigten sie sich selbst durch diese zwei Kriege. Und eine neue Generation würde sich erheben und würde die

wahre Aufgabe der Welt erkennen, und sie würden zusammenstehen, um dieses Land und Leben für den Großen Geist zu reinigen.
Dann zeigte er mir das Symbol der Sonne, und ich erinnerte mich, daß die Japaner dieses Symbol benutzt hatten. Wie die Deutschen waren sie sehr intelligent gewesen und hatten viele Dinge erfunden und hatten sich dabei fast selbst zerstört. Die Atombombe war auf sie gefallen.
Dann sagte mir der alte Mann, es werde sich noch ein anderer erheben. Er würde eine rote Mütze oder einen roten Hut oder ein rotes Kleidungsstück tragen. Er würde eine große Bevölkerung haben, und auch er würde viele mächtige Dinge erfinden und lange versuchen, andere damit zu übertreffen.«
(Hopi Mental Health Conference 1984, S. 61)

Der 1972 verstorbene religiöse Führer Dan Katchongva sprach in bezug auf die Läuterung von dem Geheimnis eines Eies (»mystery of an egg«): Das Ei wird ausgebrütet, aber niemand weiß, was aus ihm herauskommen wird – Zerstörung oder eine neue Geburt.
Hier zeigt sich eine Doppelsinnigkeit, eine Ambivalenz bestimmter Prophezeiungsmotive. Dazu gehört wohl auch, daß Bahana, der Ältere Weiße Bruder, durchaus ambivalent ist in bezug auf seine Aufgaben und seine Funktion bei der Rückkehr. Einerseits wird er Gutes bringen, wird seinem Jüngeren Roten Bruder, den Hopi, in ihrer Not und in ihrer Bedrängnis helfen, wird ihnen ihr Land zurückgeben und ihnen Gerechtigkeit widerfahren lassen. – Andererseits ist er nach der (wahrscheinlich neueren) Vorstellung auch der große Reiniger, d. h. er bestraft die Bösen und zerstört die Dinge, die nichts Gutes verheißen. Er vernichtet aber nicht nur die Weißen, jedenfalls diejenigen, die den Indianern Böses getan und ihr Land genommen haben. Er fühlt auch den Hopi selbst sehr energisch »auf den Zahn«, wieweit sie noch die traditionellen Weisungen des Großen Geistes, den »Hopi Way of Life« (und dazu gehört auch die Hopi-Sprache) praktizieren.
Das wird auch aus folgender Darstellung eines Hopi-Elder deutlich:

»Unsere Alten sprechen von dem Tag, an dem wir alle gerichtet werden . . . Wir werden alle hintereinander aufgereiht stehen.
Dann werden wir einer nach dem anderen nach vorne gezogen werden, um gerichtet zu werden. Der oberste Priester wird uns bei den Haaren fassen und uns zu sich hin ziehen.
Dann wird er uns fragen: ›Bist du ein Hopi?‹ Wir werden mit den Köpfen nicken, um anzudeuten, daß wir Hopi sind.

Dann wird er zu uns sagen: ›Wenn du ein Hopi bist, dann sprich zu mir in Hopi!‹
Wenn wir es können, werden wir zu dem Priester in Hopi sprechen.
Er wird diejenigen, die Hopi sprechen können, zu einer Seite führen.
Diejenigen, die nicht Hopi sprechen können, wird er auf seine andere Seite stellen.
Auf diese Art wird er uns richten und trennen.
Diejenigen Menschen, die Hopi sprechen können, werden das Recht erwerben, hier in unserem Land zu bleiben . . .
Diejenigen, die nicht Hopi sprechen können, werden die Anweisung erhalten, sich anderswo Siedlungsplätze zu suchen.«
(Hopi Mental Health Conference 1982, S. 48)

Dieser ambivalente Charakter des Älteren Weißen Bruders ist nicht ungewöhnlich für eine mythisch geprägte Kultur und Naturreligion: Azteken-Götter wurden mit Stoßzähnen dargestellt, um neben ihrer Schöpfungskraft auch ihre Zerstörungskraft zu markieren; der Medizinmann kann leicht vom Heiler zum Hexer werden, da es in seiner Entscheidung liegt, seine besondere Beziehung zu den helfenden Geistern für gute oder für böse Zwecke zu benutzen; antike Götter haben bekanntlich verschiedene, oft gegensätzliche Funktionen; Janus ist gar der zwiegesichtige Gott, der nach hinten und nach vorn schaut und so unserem Monat Januar den Namen gegeben hat.
Hinter dieser Ambivalenz der an und aus der Natur gewonnenen Gottesvorstellungen steht offensichtlich die Erfahrung des ambivalenten Charakters der Natur selbst: Sie erschafft und sie zerstört – sie gibt und sie nimmt – sie beglückt und sie läßt darben. In diesem Sinne sagte ein religiöser Sprecher der Hopi von First Mesa: »Gott der Schöpfer ist außerordentlich barmherzig und außerordentlich grausam.«

8 *Der gemeinsame Nenner der Hopi-Prophezeiung*

In dem vorhergehenden Kapitel hat sich herausgestellt, daß es in der Hopi-Mythologie keinerlei Orthodoxie gibt und damit keine dogmatische Festlegung dessen, was einzig als religiöse Wahrheit zu gelten hat. Aus eben diesem Grunde haben sich in den verschiedenen Klanen und Dörfern auch verschiedene Versionen und Interpretationen der Hopi-Mythologie und der Hopi-Prophezeiung herausgebildet.
Wenn man nun die Hopi-Prophezeiung von den unterschiedlichen Versionen einzelner Klane, Dörfer, Mesas und auch einzelner Personen löst und nur das festhält, was offensichtlich allen Versionen gemeinsam ist – wenn man also den gemeinsamen Nenner und damit den Kern der Hopi-Prophezeiung sucht – so ergeben sich folgende Punkte:

a. Es gibt zwei Lebenswege in dieser Welt, den traditionellen guten Weg der Hopi und den Weg des Weißen Mannes.
b. Zahlreiche Hopi weichen von ihrem guten Weg ab und folgen dem falschen Weg.
c. Es wird ein Ende dieser Welt geben.
d. Die Zeit, die dem Ende vorhergeht, wird eine Zeit der Unordnung, des Durcheinanders, der Ängstigung und des Leidens sein. Diese Zeit wird in der Hopi-Sprache als »Koyaanisqatsi« bezeichnet, d. h. »world out of balance« = Welt, die aus dem Gleichgewicht geraten ist. Beispiele von »Koyaanisqatsi« in unserer Zeit sind etwa die Umweltzerstörung, die Vernichtung von Tier- und Pflanzenarten, die großen Kriege dieses Jahrhunderts, die Bedrohung der Menschheit durch einen atomaren Holocaust, die aus dieser Bedrohung resultierende generelle Ängstigung der Menschen u. a. – Der Film, der dieses Hopi-Wort (»Koyaanisqatsi«) als Titel hatte und vor einigen Jahren in unseren Kinos lief, hatte eben diesen Zustand in unserer Gesellschaft zum Gegenstand und brachte uns – unabhängig von den zu Beginn dieses Buches genannten Büchern – ein Stück Hopi-Prophezeiung zum Bewußtsein.

e. Das Ende mag bald kommen, denn die Vorzeichen der Unordnung und der anstehenden Reinigung sind da. Dazu gehört das Zeichen der »gourd of ashes«, der Kürbisschale voller Asche, die mit den über Japan abgeworfenen Atombomben identifiziert wird.
f. Eine zentrale und machtvolle Gestalt (eine Art Kultur-Heros), die am Anfang dieser Welt da war, wird dann zurückkehren. Sie wird als »Bahana« (andere Schreibungen sind »Bohana«, »Pahana«, »Bahanna«) oder als »Älterer Weißer Bruder« bezeichnet.
g. Es wird dann eine Läuterung, ein Gericht und – für diejenigen, die das Gericht überleben – eine Rettung geben. Dieser »Jüngste Tag« heißt auf Hopi: »Nuntungk Talöngvaka«.
h. Es wird wenigstens eine Person oder einige Personen geben, die sich an den »Hopi Way of Life« gehalten haben. Diese werden nach dem Ende dieser Welt eine neue Welt beginnen.
i. Hopi wissen um diese Folge kommender Ereignisse, weil eine ähnliche Entwickung in den früheren drei Welten stattgefunden hat. Jede dieser Welten wurde zerstört – die erste durch Feuer, die zweite durch Eis, die letzte durch eine Wasserflut – weil die Menschen durch Wohlstand entarteten, raffinierten technischen Entwicklungen und einer materialistischen Lebensform verfielen, moralisch degenerierten und das Gleichgewicht in der Natur nicht mehr beachteten. Die uns drohende Läuterung ist also eine sich in zyklischen Rhythmen vollziehende Wiederholung früherer Läuterungen. (Darum wird sich auch in die nächste, die fünfte, Welt Böses einschleichen und eines fernen Tages wieder eine Reinigung erforderlich machen.)
Wie also die Prophezeiung der Hopi in das mythische Weltbild dieser Religion eingepaßt ist, so ist dieses mythische Weltbild in ein zyklisches Zeitkonzept eingepaßt. Periodische Reinigung und Zerstörung der Welt mit folgender Wiederbegründung und Erneuerung bieten das mythische Grundmuster in allen nicht-linearen, also zyklischen Zeitvorstellungen. Es ist dies die auf die Dimension von Weltaltern gebrachte menschliche Erfahrung von Zerstörung und Wiedergeburt, es sind die auf die Dimension von Weltaltern gebrachten Rhythmen von Tag und Nacht, von Sommer und Winter, von menschlicher Geburt und menschlichem Tod.
k. Hopi wissen auch deshalb um diese kommenden Ereignisse, weil

alles Geschehen vom Großen Geist am Anfang dieser Welt niedergelegt und auf Steintafeln niedergeschrieben wurde und weil die tatsächliche Entwicklung nur ein Entfalten dieses so Festgelegten ist. Durch die geschichtliche Entwicklung wird also nur etwas »ausgewickelt«, was im Grunde schon da ist. Es wird nicht etwas erzeugt, was bisher noch nicht da war.
l. In einem gewissen Gegensatz hierzu stimmen die meisten Hopi darin überein, daß die Zerstörung dieser Welt vermieden werden kann, wenn die Menschen zu dem Weg zurückkehren, den der Große Geist zu Beginn dieser Welt gewiesen hat. Dieses würde nämlich bedeuten, daß die Menschen die Reinigung durch eine eigene Entscheidung individuell herbeiführen und so den Übergang in eine neue Welt selbst vollziehen. M. K. sagte, jeden Tag könnte und sollte jeder bei sich selbst eine Läuterung vornehmen. Mit den Worten eines anderen Hopi: »Wenn wir dem Weg des Großen Geistes folgen, dann mag das Lied dieser Vierten Welt immer weitergehen. Wenn wir nicht zum ›Hopi Way of Life‹ zurückkehren, d. h. dem Weg des Großen Geistes, dann ist das Lied der Vierten Welt vielleicht nur sehr kurz« (L. J.).

Und der weiße Hopi-Kenner Tom Tarbet sagte einmal (*A. Buschenreiter* 1984, S. 220): »Ich fand heraus, daß die Prophezeiungen der Hopi nicht unmittelbar vorhersagen, sondern Erklärungen für die Ursachen der Ereignisse sind, so daß wir verstehen können, was vor sich geht und was wir tun müssen. Das ist das Wichtigste bezüglich einer Prophezei ung. Es handelt sich nicht um eine absolute Vorhersage, daß dieses und jenes geschehen wird; es ist vielmehr eine Erklärung darüber, daß wir in dieser Welt eine Rolle zu spielen haben. Wenn wir diesen Weg gehen, wird das geschehen; wenn wir einen anderen gehen, etwas anderes.«
In diesem Kern der Hopi-Prophezeiung tritt Bahana, der Ältere Weiße Bruder, und seine erwartete Rückkehr in den Mittelpunkt der Aufmerksamkeit – ähnlich wie die Hopi heutzutage zunehmend in den Mittelpunkt der Betrachtung rücken, wenn man von den Indianern Nordamerikas spricht und der Frage nachgeht, was wir von ihnen lernen könnnen. Für kein anderes Indianervolk Nordamerikas haben sich so viele Arbeitskreise oder Unterstützungsgruppen in Europa etabliert wie für die Hopi.

Man kann mit einer gewissen Berechtigung deshalb sogar folgende Tendenz formulieren: Unter den Naturvölkern der Erde genießen die Indianer Nordamerikas um ihrer eigenen Kultur willen ein besonderes Ansehen. Unter den Indianern Nordamerikas sind es wiederum zunehmend die Hopi, die hier die erste Stelle einnehmen. Zentrum der Hopi-Kultur ist ihre Mythologie. Innerhalb der Mythologie spielt wiederum die Prophezeiung eine zentrale Rolle. Das Herz ihrer Prophezeiung schließlich ist Bahana, der Ältere Weiße Bruder, dessen Rückkehr sie erwarten. – So kann man gewissermaßen eine Linie ziehen von den europäischen Erwartungen an die Weisheit von Naturvölkern bis hin zum Älteren Weißen Bruder der Hopi-Indianer.

9 *Worin besteht der »Hopi Way of Life« nach den Weisungen Massau'us?*

In den Hopi-Prophezeiungen spielt immer wieder der »rechte Weg«, ein Leben in Übereinstimmung mit dem »Hopi Way of Life« eine wichtige Rolle. Diese Lebensform steht offensichtlich im Gegensatz zu der Lebensform der Weißen (welcher inzwischen auch viele Hopi folgen), weshalb denn auch nach dem Tage der Reinigung nur diejenigen ein neues Leben und eine neue Welt beginnen werden, die dem »Hopi Way of Life« – oft einfach »The Hopi Way« genannt – treu geblieben sind.

Auch in der Erziehung der jungen Menschen zu einem selbstverantwortlichen Leben als Hopi spielt dieses Ideal des »Hopi Way of Life« die entscheidende Rolle. Diese Lebensform ist offensichtlich Modell und Leitbild, Vorbild und Maßstab des Verhaltens. Wenn man mit den Menschen auf der Hopi-Reservation spricht, so taucht der Begriff vom »Hopi Way (of Life)« immer wieder in den Gesprächen auf.

Nicht anders war es bei den im Jahre 1955 durchgeführten (oben schon erwähnten) Anhörungen (»Hopi Hearings«) auf der Hopi-Reservation durch das Büro für Indianische Angelegenheiten. Viele führende Hopi-Menschen haben sich dabei geäußert, und immer wieder tauchen in ihren Äußerungen bestimmte Wendungen und Formulierungen auf, die sich auf die Überlieferung ihres Volkes und auf die Traditionen ihrer Lebensführung beziehen.

Hier einige Zitate aus den Protokollen dieser Anhörungen:

»Die alten Lehren (›teachings‹) des Hopi-Volkes ...«

»Diese Lehren, die von unseren Vorvätern an uns weitergegeben wurden.«

»Der Lebensplan (›life-plan‹) der Hopi.«

»Das Muster des Lebens (›life-pattern‹) ...«

»Unser eigener Lebensplan, der vom Großen Geist Massau'u dem Hopi-Volk gegeben wurde, als sie hierher kamen.«

»Diese Lehren – dieses Lebensmodell.«

»Die Instruktionen und Lehren meiner Vorfahren ...«

»Unser Lebensplan und unsere religiösen Lehren...«
»Diese Instruktionen und Prophezeiungen...«
»Das Muster unseres Lebens, das wir von Massau'u erhalten haben.«

Was bei diesen kurzen Zitaten und ihrem jeweiligen Kontext auffällt, ist folgendes:
1. Immer wieder sprechen die Hopi im englischen Text von »Life Plan« (auf Hopi: »Katsi Vötavi«), »Instructions«, »Road of Life«, »Life Path of the Hopi«, »Life Pattern«, »Religious Teachings«, »Hopi Way (of Life)«.
2. Alle diese religiösen Lehren, diese Lebenspläne, sind nicht den Visionen von Menschen entsprungen, sondern sind jeweils von den Vorvätern der lebenden Generation überliefert worden.
3. Der Ursprung dieser Lehren und Lebenspläne liegt im Großen Geist Massau'u, der sie den Hopi-Vorfahren am Beginn dieser Welt mit auf den Weg gegeben hat.
4. Die Hopi-Prophezeiungen sind nicht ein gesonderter Teil dieser Überlieferung, sondern sie sind in diese Lehren und Überlieferungen integriert, denen sich traditionelle Hopi verpflichtet fühlen. So sagt T. H. (Hopi Mental Health Conference 1983, S. 68): »Die Hopi-Prophezeiung ist in Wirklichkeit der Hopi-Lebensplan.«
5. Diese »Hopi-Teachings« sind auf Steintafeln festgehalten, die den Vorvätern von Massau'u selbst übergeben wurden. Diese Steintafeln werden von den Hopi durchaus in Parallele gesetzt zu den Tafeln der Zehn Gebote, die Mose am Sinai von Gott erhielt und auf denen in ähnlicher Weise religiöse Lehren und Lebensplan für die Israeliten aufgezeichnet waren.

Bis hierhin sind die Erkenntnisse über den »Hopi Way«, »Hopi Life Plan«, »Hopi Life Pattern« allerdings fast nur formaler Art. Eindeutige *inhaltliche* Aussagen darüber findet man nur sehr selten. Sooft auf die religiösen Überlieferungen Bezug genommen wird, so selten wird im einzelnen gesagt, was sie beinhalten. Selbst die letzten Anweisungen Massau'us an die ersten Menschen dieser Welt klingen noch recht formal:

»Jetzt lebt und verliert niemals den Glauben an das, was ich euch gegeben habe. Wenn ihr nämlich diesen Glauben verliert und euch von dem Lebensplan abwendet, den ich euch gegeben habe, dann werdet ihr verloren sein und ihr werdet später Schwierigkeiten über euch selbst bringen. Verliert niemals den Glauben, da ihr euch über dieses Land ausbreitet.« (*Bentley/Carpenter* 1957, o. S.)

Wenn man aber ausdrücklich nach ausführlicheren inhaltlichen Angaben über die Hopi-Lebensform fragt und wenn man außerdem den in ihren Mythen und Märchen verborgenen Vorbildern und Leitbildern nachspürt, so ergibt sich als konkrete inhaltliche Ausgestaltung des »Hopi Way (of Life)« in etwa folgendes Bild (wobei gewisse Unterschiede zwischen verschiedenen Klanen und Dörfern bestehen):
a. Hopi sollen *von* dem Land und *mit* dem Land leben sowie für das Land und für alles Leben dieser Erde sorgen. Das Land der Hopi ist den Menschen vom Großen Geist zur treuhänderischen Fürsorge übergeben worden. Es ist heilig, spirituelles Zentrum der Erde und daher Mittelpunkt der Welt. Es darf nicht entweiht werden und soll Zufluchtsort aller lebenden Wesen am Tage der Läuterung sein. Die Hopi sind berufen als Bewahrer dieses spirituellen Kraftfeldes und als Hüter der Balance des Kosmos. So sagt ein Hopi Elder (Hopi Mental Health Conference 1982, S. 40):

»Unsere Menschen dienen dem Land durch ihre Gebete und ihre Gaben. Alles wird gesegnet – die Pflanzen, Tiere, Sterne – alles, was erschaffen wurde. Auf diese Art erwirbt der Hopi ein Anrecht auf seinen Platz in dieser Welt.«

T. B. drückte es (bei der Hopi Mental Health Conference 1984, S. 60) so aus:

»Unsere ersten (mythischen) Führer geboten uns, niemals aufzuhören, diese Botschaft weiterzutragen: Daß wir diese Mutter Erde niemals in irgendeiner Weise zerstören dürfen. Wir dürfen sie niemals in Stücke einteilen, wir dürfen sie niemals einzäunen, wir dürfen sie niemals an jemanden verkaufen. Wir müssen zu ihr stehen und an ihr festhalten, so wie es uns der Große Geist Massau'u geboten hat.«

Wir erkennen leicht: In diesem Konzept eines einfachen, spirituellen Lebensstils in Harmonie mit der Schöpfung und allem Leben liegt die Bedeutung der Hopi-Prophezeiung für das ökologische Denken und für die Entwicklung einer ökologischen Ethik in unserer Kultur.

So wie Massau'u den Menschen am Anfang dieser Welt erschien als jemand, der mit seinen eigenen Händen den Boden beackert und für das Wachstum der Pflanzen sorgt, so sollen auch die Hopi selbst es tun.
»Ackerbau ist tief in der Hopi-Religion verankert« (L. J. 1987). Vor allem zählt dabei der Anbau der Feldfrucht Mais. Deshalb gilt: »Wer eine Mißachtung des Landes und des Maises in seinem oder ihrem Verhalten demonstriert, ist des Namens ›Hopi‹ unwürdig« (*R. Clemmer* 1978, S. 41).
Obwohl die angebaute Fläche auf der Reservation jedes Jahr zurückgeht – im Geschäft kann man Maisprodukte mit weniger Aufwand kaufen –, so gibt es doch eine große Anzahl von Menschen, die aus Traditionsbewußtsein und aus Gehorsam gegenüber der Weisung Massau'us ihr eigenes Stück Land bebauen und in traditioneller Weise mit diesem Mais umgehen: Sie pflanzen und jäten ihn nicht nur, sie sprechen auch mit den heranwachsenden Pflanzen, singen, wenn sie durch das Maisfeld gehen, und sind überzeugt, daß diese persönliche Zuwendung zum guten Wachstum des Maises in dieser Wüstengegend beiträgt. Dahinter steht natürlich die Überzeugung, daß der Mensch nicht Herr über die Natur und über ihre Früchte ist, sondern daß er mit ihnen in einem umfassenden Gewebe des Lebens verbunden ist und daß deshalb auch Pflanzen für die Worte und Stimmungen und Wünsche der Menschen empfänglich sind.
b. Der »Hopi Way of Life« soll einfach, bescheiden und fleißig sein. Gern schmücken die Hopi anschaulich aus, wie die ersten Hopi Massau'u vorfanden, als sie in diese Welt heraufkamen: In dem Halbwüstengebiet saß er im Schatten eines Busches, verschwitzt und müde von der Arbeit. Er ruhte sich aus. In seiner Hand hatte er nur einen Pflanzstock, einen Beutel mit Maissamen und einen Krug Wasser. Sonst besaß er nichts. Den ganzen Tag hatte er in der sengenden Wüstensonne Mais gepflanzt und war nun erschöpft von der Arbeit. Auf die Frage der Hopi, ob sie in diesem Lande siedeln dürften, antwortete er:

»Alles, was ich habe, ist mein Pflanzstock und mein Mais. Wenn ihr bereit seid, zu leben wie ich und meinen Anweisungen zu folgen, dem Lebensplan, den ich euch geben werde, dann könnt ihr hier bei mir leben und für das Land sorgen. Dann werdet ihr ein langes, glückliches und fruchtbares Leben haben« (*D. Katchongva* 1977, S. 13).

Damit gab Massau'u ihnen die ersten Anweisungen für ihre Lebensgestaltung: So wie er, ohne Reichtümer und Güter, nur mit dem Pflanzstock und Maissamen in den Händen, so sollen auch sie ihr Leben in Bescheidenheit und Einfachheit, aber auch in Fleiß und Friedfertigkeit führen. Dazu gehört auch, daß die Menschen die Härte des Lebens und der Arbeit akzeptieren und daß sie bereit sind, sich den jeweiligen, durch die natürlichen Umstände vorgegebenen Situationen zu fügen. Der Hopi soll nicht der Natur seinen eigenen Willen aufzwingen, er soll sich vielmehr ihren Erfordernissen und Bedingungen vor allem anpassen.

Die Verpflichtung, Frieden miteinander zu halten, erkennen Hopi in ihrem Namen, denn »Hopitu« bedeutet soviel wie »die Friedfertigen«. »Einige Leute meinen, ›Hopi‹ ist einfach unser Name. Es ist aber mehr als das. Man muß sich diesen Namen verdienen ... Um Hopi zu sein, muß man freundlich sein, sanft, wahrhaftig, bescheiden und empfindsam gegenüber allem, das einen umgibt: Tiere, Vögel, Pflanzen. Man ist für alle diese Dinge verantwortlich. Und diese Verantwortung und Fürsorge für diese Dinge nimmt man wahr durch Meditation, durch Gebet und durch Zeremonien« (T. B.; Hopi Mental Health Conference 1984, S. 62f.).

Wir hörten schon oben, daß diese ideale Lebensform die Hopi nicht gehindert hat, an kriegerischen Auseinandersetzungen teilzunehmen und auch gegen ein eigenes Dorf kriegerisch vorzugehen. Auch erlebt man auf der Reservation häufig ein ausgeprägtes Mißtrauen im Umgang der Hopi miteinander, manchmal eine lauernde Neugier, ein Aushorchenwollen, eine Atmosphäre der Mißgünstelei, der Heimlichtuerei und der Eifersüchtelei. Es gibt ganz offensichtlich entzweiende Tendenzen (»divisive, disruptive, splitting tendencies«) in der Hopi-Gesellschaft. Wohl aber bedeutet ihr Name für sie das Bewußtsein, daß Friedfertigkeit für sie eine Verpflichtung darstellt. Man sieht: Die Spannung zwischen Idee und Wirklichkeit gilt nicht nur für abendländische Gesellschaften, – wenn man z. B. ihre Realität an ihrem »Grundgesetz«, den Zehn Geboten, mißt! Auch von vielen Hopi gilt das Wort eines ihrer Stammesgenossen: »Unsere Lebenspraxis entspricht nicht unserer idealen Lebensform.«

Zugleich bleibt die stete Aufforderung: »Wir, die ›Hopi‹ als Namen

haben, müssen ein Leben führen, das diesem Namen entspricht« (H. Y. L., Katsinmonqwi von First Mesa).
Und: »Krieg, weder der letzte noch irgendeiner, entspricht der Art der Hopi. Die Hopi dienen dem Frieden. Sie tragen gegenüber niemandem Waffen. Vielmehr sorgen sie füreinander« (L. J.; Hopi Mental Health Conference 1982, S. 39).
Tatsächlich hat im Zweiten Weltkrieg eine eindrucksvolle Anzahl von Hopi-Männern den Dienst mit der Waffe verweigert und ist dafür eingesperrt worden. (Indianer waren als amerikanische Staatsbürger – seit 1924 – zum Kriegsdienst verpflichtet.) Inzwischen ist die Zugehörigkeit zur Hopi-Religion von Washington anerkannt worden als Grund, den Kriegsdienst verweigern zu dürfen.
c. Weiterhin gehört zum »Hopi Way of Life«, daß man die religiösen Zeremonien einhält. Traditionell ist die Hopi-Gesellschaft sehr stark von Religion und einem gläubigen Leben geprägt gewesen. Männer verbrachten bis zu 50 Prozent ihrer Zeit mit religiösen Betätigungen. Ihre Identität fanden die Menschen vor allem in ihrem Land und in ihrer Religion, die wiederum weitgehend identisch waren. »Wenn wir uns verloren vorkommen und uns fragen: Was bin ich? Wohin gehöre ich? – dann finden wir die Antwort in unserer Religion, die uns überliefert worden ist« (D. E.; Hopi Mental Health Conference 1983, S. 16).
Zu einem gläubigen Leben gehört vor allem die sorgfältige Bewahrung und Erfüllung der heiligen Riten. Tatsächlich sind die Hopi heute dasjenige indianische Volk, bei dem der religiöse Zeremonialkalender noch einigermaßen intakt ist. Obwohl in manchen Dörfern einige Zeremonien und Tänze nicht mehr abgehalten werden, weil es nicht mehr genug Menschen gibt, die aus religiöser Überzeugung daran teilnehmen, so werden doch alle traditionellen Zeremonien auf der Reservation insgesamt noch durchgeführt – einschließlich des Schlangentanzes. Und keines dieser getanzten Gebete hat bisher seinen religiösen Charakter verloren und sich zu einer rein touristischen Attraktion entwickelt. Fotografieren und jede Art von Aufzeichnung ist – wie schon erwähnt – bei allen Tänzen absolut verboten, und neuerdings ist der Schlangentanz gar für weiße Zuschauer ganz gesperrt.
Zweifellos ist es ein großes Erlebnis, bei einem dieser Tänze die maskierten Figuren aus den unterirdischen Zeremonialräumen auftau-

chen und sie dann den ganzen Tag bis zum Abend auf der heißen, staubigen Plaza mit dumpfen Gesängen, Rasseln und Trommeln ihre religiösen Aufgaben erfüllen zu sehen. Mit diesen Tänzen rufen sie den immer erwünschten Regen herbei, aber sie helfen – wegen der Einbindung des Menschen in die kosmischen Bezüge – nach ihrer Überzeugung auch den anderen Naturkräften, ihre Aufgaben sinnvoll zu erfüllen. Dadurch tragen sie dazu bei, die Balance des Kosmos zu erhalten – oder sie, falls sie gestört wurde, wiederherzustellen.
Dieses Bewahren oder Wiederherstellen des kosmischen Gleichgewichts, das nur vom Menschen gestört werden kann, zeigt ein anderes Charakteristikum des Hopi-Geistes: Bewahren oder Wiederherstellen der (zu Beginn der Welt gegebenen) Ordnung ist ihnen wichtiger als Fortschritt und Entwicklung. Traditionell sind die Hopi – vielleicht noch mehr als andere Naturvölker – ein sehr konservativ und bewahrend eingestelltes Volk. Denn die besten Zustände herrschten am Anfang dieser Welt, als die Geistwesen alles begründeten. Und diese Zustände können niemals durch Fortschritt wieder eingeholt, sondern nur durch religiöse Zeremonien wiederhergestellt werden.

»Die Hopi wurden mit einem Ziel hierhergeführt. Keine andere Religion, die ich kenne, schließt die ganze Welt in ihre Betrachtung ein, das Universum, das Unsichtbare. Aber die Hopi-Religion tut das. Die Hopi sind hier, um durch Gebet und Bescheidenheit, durch die Hopi-Form der Gottesverehrung für die Welt zu sorgen. Dieses ist der Grund, warum wir hier in dieses Leben geführt wurden« (L. J.; Hopi Mental Health Conference 1982, S. 38).

d. Schließlich ist ein wichtiges Element des »Hopi Way of Life« (und eines, das alle anderen umfaßt), daß man die Hopi-Sprache spricht. Es scheint manchmal, daß die Beherrschung der Hopi-Sprache mit der richtigen Hopi-Lebensführung identisch gesetzt wird. So gilt als eine der entscheidenden Prüfungsfragen des zurückkehrenden Weißen Bruders am Tage der Läuterung, ob man Hopi sprechen kann. Die den Weißen Bruder befriedigende Antwort ist dann nicht die einfache Bejahung, sondern man muß auf Hopi antworten können. Die Hopi-Sprache zu beherrschen bedeutet dann etwa soviel wie »Hopi« = »friedfertig« im Herzen sein.
Auch wir wissen, daß derjenige, der die Sprache eines kulturellen

Gemeinwesens nicht beherrscht, an dessen Kultur bestenfalls gebrochenen und partiellen Anteil hat. Und: »Stirbt eine Sprache, so stirbt schließlich auch die Kultur« (Hopi Mental Health Conference 1981, S. 23).

Aus diesem Grunde wird auf den seit 1981 jährlich stattfindenden »Hopi Mental Health Conferences« über kaum etwas anderes so beredte Klage geführt, wie über den zunehmenden Verlust der Hopi-Sprache bei der heranwachsenden Generation. Emory Sekaquaptewa, der als Dozent der Ethnologie an der University of Arizona in Tucson lehrt, gab während dieser Konferenzen wiederholt Einführungskurse in das Hopi. Da in den religiösen Zeremonien nur Hopi gesprochen werden darf, hängt am Überleben der Sprache auch das Überleben der religiösen Traditionen. Vorbereitungsveranstaltungen für die Initiation in religiöse Bünde beginnen heute häufig mit Sprachunterricht in Hopi. Denn in den Schulen wird praktisch nur englisch gesprochen.

»Die Hopi-Sprache ist ein wesentlicher Teil der Hopi-Identität. Die Sprache ist unlösbar verknüpft mit Hopi-Zeremonien, Sitten, Lehren, Rollen und Perspektiven der vergangenen und gegenwärtigen Lebensgestaltung... Zwar sind sich die meisten Leute bewußt, wie wichtig und bedeutsam die Sprache ist und wie notwendig es ist, sie als einen integralen Teil des täglichen Lebens zu erhalten. Dennoch wird nur wenig unternommen, um den Gebrauch der Sprache zu fördern. Das Ergebnis ist, daß wir auf einer kritischen Entwicklungsstufe stehen, wo unsere Kinder heranwachsen ohne Kenntnis oder jedenfalls ohne Gewandtheit in der Hopi-Sprache« (Hopi Mental Health Conference 1982, S. 65).

»In einer Hopi-Erzählung heißt es, daß ein Tag kommen wird, an dem jeder Hopi von den ... Priestern, die eigens gesandt wurden, um die Treue eines jeden gegenüber den Hopi-Lehren zu beurteilen, gebeten werden wird, zu sprechen. Diejenigen, die auf Hopi antworten, werden geschont werden. Diejenigen, die nicht auf Hopi antworten, werden bestraft werden. Die Überlebenden, die diesen und andere Tests bestanden haben, werden die Wohltaten des fortdauernden ›Hopi Way of Life‹ erfahren...

Auf der ganzen Hopi-Reservation sprechen alle Kinder jetzt englisch. Einige sprechen ein bißchen Hopi, aber meistens sprechen sie englisch. Einige unserer älteren Leute meinen, es ist ganz richtig, beide Sprachen zu erlernen. Andere meinen, wir sollten nur Hopi sprechen. Was aber tatsächlich geschah, ist dieses: Indem wir begannen, Englisch zu lernen, begann unsere Muttersprache zu verschwinden.

Dies ist sehr gefährlich. Unsere Hopi-Muttersprache ist nämlich sehr wertvoll – nichts in unserem Leben ist vorstellbar ohne unsere Sprache. Diejenigen von euch, die initiiert worden sind und die Hopi-Zeremonien erlernt haben, wissen, daß unsere Hopi-Sprache dabei gesprochen wird. Es ist die einzige Sprache, die bei Zeremonien gesprochen wird« (R. Qu.; Hopi Mental Health Conference 1984, S. 46f.).

Diese Punkte (a.–d.) sind wichtige und zentrale inhaltliche Aspekte des genannten »Hopi Way of Life« und stellen damit diejenige Lebensführung dar, die für die Hopi-Menschen traditionell Leitbildcharakter hatte und zum Teil noch hat. Zusammenfassend liest sich das so:

»Wir wollen uns versichern der Hopi-Werte des Respektes, der Liebe, der Brüderlichkeit und der Freude, die uns vom Schöpfer gegeben wurden, damit wir nach ihnen leben« (L. J.; Hopi Mental Health Conference 1982, S. 13).

»Für die Hopi ist ein ausgewogener Verstand einer, der in Beziehung zu allen Aspekten des Lebens steht: zu den spirituellen, den geistigen und den physischen. Der ausgeglichene Hopi empfindet sich selbst als einen Teil seines Landes, seiner Religion, seiner Sprache und aller Aspekte seiner Kultur – eine Vorstellung, die man denen nur schwer erklären kann, die ausschließlich an abendländische Konzepte gewöhnt sind« (L. J.; Hopi Mental Health Conference 1983, S. 11).

»Die Lebensethik der Hopi kann nicht mehr verbessert werden: Sorge für die Mutter Erde, und sie wird für dich sorgen. Sorge für deinen Bruder. Nimm, was du benötigst, doch nicht mehr als du benötigst. Teile mit anderen, was du hast, und sage Dank dem geistigen Ursprung des Universums« (Dr. C. H.; Hopi Mental Health Conference 1983, S. 46).

Einen Negativkatalog des Verhaltens, wie wir ihn in den meisten der Zehn Gebote vom Sinai vorfinden, gibt es in der Hopi-Tradition wohl nicht.

Wenn von einem alten Hopi gesagt wird (wie von Youwyma = »Regen, der über die Erde schreitet«): »Er glaubte fest an harte Arbeit und an Ehrfurcht vor dem Schöpfer und allen lebenden Dingen ... setzte die alte Hopi-Praxis des Farmens fort und die Achtung vor allem Leben« (Hopi Mental Health Conference 1983, S. 7), dann bedeutet dies, daß dieser Mann ein exemplarisches Hopi-Leben geführt hat.

10 *Hopi-Prophezeiungen im Vergleich zu anderen – auch biblischen – Prophezeiungen*

Die in Kapitel 8 erläuterte Grundstruktur der Hopi-Prophezeiung zeigt deutliche Parallelen zu den Prophezeiungen anderer Völker, so auch zu biblischen Prophezeiungen. Eine Hopi-Frau sagte mit Bezug auf die Prophezeiungen ihres Volkes gar: »It is just like in the Bible« = »Es ist genau wie in der Bibel.« Tatsächlich spricht ja die Bibel an vielen Stellen ebenso von einem Ende dieser Welt (das auch »Jüngster Tag«, »Jüngstes Gericht« oder »Weltgericht« genannt wird) wie die Hopi-Prophezeiung.

So heißt es etwa im 1. Brief des Johannes 2,18: »Kinder, es ist die letzte Stunde ...« und im 2. Timotheus-Brief 3,1–4: »Das aber wisse, daß in den letzten Tagen schlimme Zeiten eintreten werden. Denn die Menschen werden selbstsüchtig sein, geldgierig, prahlerisch, hochmütig, schmähsüchtig, den Eltern ungehorsam, undankbar, gottlos, lieblos, unversöhnlich, verleumderisch, unenthaltsam, roh, dem Guten feind, verräterisch, verwegen, aufgeblasen, mehr die Wollust liebend als Gott.« Im Markus-Evangelium 13,8 schließlich heißt es: »... erheben wird sich Volk wider Volk und Reich wider Reich ...« (ähnlich Matthäus 24,7–8). Man darf wahrscheinlich sagen: Apokalyptische Vorstellungen von einem Weltenende werden in den meisten Religionen überliefert.

Darüber hinaus kann man die Rückkehr des Weißen Bruders in der Hopi-Prophezeiung vergleichen mit der Rückkehr Jesu Christi am Ende dieser Welt: »Man wird den Sohn des Menschen auf den Wolken kommen sehen mit großer Macht und Herrlichkeit« (Matthäus 24,30; Markus 13,16). Man denke auch an das Warten der Juden auf das Erscheinen des Messias; an das Versprechen des großen indischen Propheten Krishna, er werde zurückkehren; an die Zusage des Propheten der Irokuois-Indianer, Deganawida, als Licht vom Osten zurückzukehren; an den traditionellen Glauben der Eskimo, daß ein Prophet Gottes zu nachtschlafender Zeit von Osten kommen wird, um die Seelen zu reinigen und die Menschen zu erleuchten und zu führen. Zu erinnern ist auch an die erwartete Wiederkehr der Gefiederten Schlange, des Gottes Quetzalcoatl (= Herr der Morgendämmerung) in der aztekisch-mexikanischen Tradition: Dem Mythos nach starb er einen Opfertod, indem er sich verbrannte. Vorher kündete er aber seine Wiederkunft über den östlichen Ozean an, um Frieden zu bringen. »Dieser Mythos von Quetzalcoatl beherrschte ganz Mittelamerika mehr als ein Jahrtausend« (*F. Waters* 1981, S. 162). Er herrschte, bis der spanische Eroberer Cortez, der bei seiner Ankunft im Aztekenreich 1519 zunächst selbst angeblich für eine Inkarnation von Quetzalcoatl gehalten wurde, durch seinen brutalen Imperialismus diesem Mythos ein Ende machte.

Dieses messianische Mythologem des zurückkehrenden Erlösers, Friedensbringers oder Kulturheroen, von dessen Rückkehr in der Regel zunächst eine große allgemeine Umwandlung/Apokalypse und danach eine Zeit des Friedens erwartet wird, kehrt also in verschiedenen Kulturen und Religionen wieder. Sowohl der alttestamentliche Messias wie der neutestamentliche Christus als auch Bahana wie auch schließlich Quetzalcoatl werden bei ihrer Wiederkehr den dauerhaften Frieden bringen. D. h., es handelt sich bei ihnen um endzeitliche Heilsbringerfiguren, die dann zurückkehren, wenn die Welt dunkel wird, auf ihr Ende zugeht und eines Lichtbringers bedarf. In diesem Mythologem scheint ein Urverlangen der Menschen nach Befreiung, Erlösung, Reinigung, Hilfe, Frieden, Heil zum Ausdruck zu kommen, »das ewige Verlangen nach dem Erlöser oder Heiland« (J. L.). Es wird sich bei den genannten Beispielen also nicht um Ergebnisse gegenseitiger religiöser Beeinflussung handeln, sondern um ein sogenanntes religiöses »Universale«, ein weltweites religiöses Motiv, das sich in vielen Religionen der Welt eigenständig herausgebildet hat.

Auch die Auffassung, daß sich das Ende der Welt durch bestimmte Vorzeichen ankündigt, finden wir in der Bibel ebenso wie in der Hopi-Prophezeiung. Die Vorzeichen werden sogar mit nahezu gleichem Wortlaut in beiden Quellen beschrieben. So sagte ein religiöser Hopi-Führer (vgl. Kap. 2): »Die Erde würde sich überschlagen ... der Himmel werde sich verdunkeln ... der Ozean werde aufwogen.« – In der Bibel heißt es: »Es werden da und dort Erdbeben kommen ... die Sonne wird sich verfinstern ...« (Markus 13,8–24) und: Die Völker wissen sich nicht zu raten »... vor dem Tosen und Wogen des Meeres..., denn die Kräfte des Himmels werden erschüttert werden« (Lukas 21,25–26).

Auch auf folgende Ähnlichkeit zwischen den religiösen Traditionen der Bibel und der Hopi möchte ich hinweisen: Jesus sagt im Neuen Testament mit Bezug auf das Alte Testament, er sei nicht gekommen, die Überlieferung aufzulösen, sondern sie zu erfüllen. Andererseits formuliert er: »*Die Alten* haben gesagt... *Ich* aber sage euch...« In dieser Spannung zwischen Bewahrung des Überlieferten oder seiner Veränderung stehen Propheten und Interpreten von Prophezeiungen wohl immer wieder – auch bei den Hopi. Sie versuchen einerseits, sich in den Strom der Überlieferung einzuordnen und andererseits dabei die eigene Identität zu bewahren und einzubringen. So sagen die Hopi: »Die Alten, unsere Vorfahren, haben gesagt ... und *so* ist das gemeint.« In dieser Spannung zwischen Bewahrung und Veränderung besteht im Grunde der lebendige mythische und prophetische Prozeß – wenn und wo er noch lebendig ist.

Eine weitere Ähnlichkeit zwischen den Prophezeiungen der Bibel und der Hopi besteht darin, daß – wie auch an anderer Stelle dieses Buches erläutert – in beiden Fällen die vergangene Zerstörung der Welt durch eine Wasserflut erfolgte, bei der einige wenige Gerechte gerettet wurden – und daß nach beiden Prophezeiungen die nächste Zerstörung dieser Welt durch eine Feuersglut erfolgen wird. Kaum verwunderlich, daß Hopi bei diesem Motiv ihrer Prophezeiung immer wieder an die Entwicklung der Atomtechnologie durch die Weißen denken und an den Abwurf der Atombomben auf Japan. Im Neuen Testament wird (nach der Sintflut des Alten Testaments) von einer »Gluthitze« bezüglich der zukünftigen Entwicklung gesprochen. So heißt es im Zweiten Petrusbrief 3,7–10: »Aber die jetzigen Himmel und die [jetzige] Erde sind durch das gleiche Wort für das Feuer aufgespart, und werden aufbehalten für den Tag des Gerichts und des Verderbens... Es wird aber der Tag des Herrn kommen wie ein Dieb, und an ihm werden die Himmel mit gewaltigem Getöse vergehen, die Elemente aber in der Gluthitze sich auflösen...«

Auch in anderen Überlieferungen gibt es Parallelen zu diesen Vorstellungen. »Schon bei Platon (im Timaeus), bei den Stoikern und auch sonst in den antiken und den darauf beruhenden mittelalterlichen Überlieferungen stehen vergangene Sintflut und künftiger Weltbrand in einer Entsprechung« (*A. Rosenberg*, S. 229). Darin dürfte eine menschliche Ur-Angst vor der zerstörerischen Wucht dieser zwei kosmischen Elemente zum Ausdruck kommen. Selbst der Titel einer kämpferischen Schrift des schwarzen amerikanischen Autors James Baldwin weist in die gleiche Richtung: »The Fire Next Time« (»Beim nächsten Mal das Feuer«).

An dieser Stelle muß auch auf die amerikanischste aller christlichen Denominationen hingewiesen werden, nämlich auf die Kirche der Mormonen oder »Die Kirche Jesu Christi der Heiligen der letzten Tage«, wie sie offiziell heißt. Schon diese offizielle Benennung hat einen eindeutig endzeitlichen Bezug. Sie bringt klar zum Ausdruck, daß die Mitglieder dieser Kirche sich seit ihrer Gründung vor etwas mehr als 150 Jahren als »Heilige der letzten Tage« verstehen, also in dem Bewußtsein leben, daß dieses Zeitalter seinem Ende zugeht, daß die »letzten Tage« angebrochen sind.

Tatsächlich findet sich auch in dem »Buch Mormon«, gewissermaßen dem »amerikanischen Testament« dieser Kirche, eine große Anzahl von Prophezeiungen. So heißt es: »Und er (der Engel) wird auch über das Ende der Welt schreiben« (1. Nephi 15,22). An anderer Stelle heißt es: »Aber sehet, ich fahre mit meinen eigenen Prophezeiungen fort... Ich weiß, daß sie in den letzten Tagen großen Wert für es (das Volk) haben werden; denn an jenem Tage wird es die Worte verstehen; deshalb habe ich sie zu seinem eigenen Nutzen geschrieben« (2. Nephi 25,7–8). Und weiterhin: »...Ich weissage euch von den letzten Tagen, von den Tagen, wann Gott der Herr diese Dinge für die Menschenkinder hervorbringen wird« (2. Nephi 26,14). Einige Seiten weiter heißt es: »Aber sehet, in den letzten Tagen oder in den Tagen der Nichtjuden – ja sehet, alle nichtjüdischen Völker und auch die Juden, sowohl die, welche in dieses Land kommen, als auch die in anderen Ländern, ja selbst in allen Ländern der Erde, sehet, sie werden von Bosheit trunken sein und von aller Art der Verderbtheit« (2. Nephi 27,1).

Ähnlich wie die religiösen Weisungen und die Prophezeiungen der Hopi vom Großen Geist auf Tafeln eingeschrieben wurden und wie die

Zehn Gebote des Alten Testamentes auf Tafeln stehen, so wurde der Inhalt des Buches Mormon zunächst auf Tafeln niedergeschrieben und durch die Macht Gottes versiegelt. Und es heißt von dieser Botschaft: »... Die versiegelte Offenbarung ... offenbart alle Dinge von Anbeginn bis zum Ende der Welt« (2. Nephi 27,10).
Ohne daß wir auf die zum Teil recht weitschweifigen weiteren Prophezeiungen in dem Buch Mormon näher eingehen, zeigen doch diese Beispiele, daß auch in dieser Kirche Prophezeiungen eine große Rolle spielen und daß vor allem der Name der Kirche allen ihren Anhängern das Bewußtsein vermittelt, in einer Endzeit zu leben.
Die Erkenntnis, daß Prophezeiungen nichts für die Hopi Spezifisches sind, sondern auch in anderen Kulturen und Religionen bestehen, ist auch bei Männern und Frauen der Hopi verbreitet. T. B. sagt:

»Auch in anderen Ländern haben sie Prophezeiungen wie wir. Und genau wie wir sehen auch sie, daß diese Warnungen berechtigt sind. Deshalb müssen wir zusammenkommen und den spirituellen Weg einschlagen, demütig in unseren Herzen. Wo auch immer wir sind, da können wir nachdenken, meditieren. Wir können das Versprechen geben, daß wir einander bei den Händen fassen und beginnen wollen, die Dinge zu überwinden, von denen wir wissen, daß sie gefährlich für unser Leben sind« (Hopi Mental Health Conference 1984, S. 63).

Ein sehr bekannter und begabter Hopi-Künstler vom Water-and-Snow-Clan auf Second Mesa (er ist nicht Christ, sondern nimmt noch an den traditionellen Maskentänzen der Hopi teil, fühlt sich aber nach eigener Aussage wie ein Gummiband zwischen den beiden Kulturen hin- und hergerissen) drückte es mir gegenüber etwas flott-züngig so aus: »Jede Religion hat diese Vorstellungen einer notwendigen Läuterung; jede Kultur entwickelt Formen der Reinigung, der Bestrafung und der Erleuchtung.« Dabei nannte er ausdrücklich den Kreuzweg und die Kreuzigung Jesu einen Akt der Purifikation. Diese Auffassung steht sicherlich in Übereinstimmung mit dem christlichen Verständnis der Kreuzigung.
Auffallend ist, daß es bei verschiedenen indianischen Stämmen Voraussagen vom Kommen der Weißen gegeben hat. »Seltsamerweise kann man in jeder Ecke Nordamerikas Stammeslegenden finden, die

das Kommen des Weißen Mannes vorausahnen« (*P. Nabokov* 1978, S. 4). Nabokov versteht auch den Weißen Bruder in der Hopi-Prophezeiung als solch eine Voraussage vom Kommen der Weißen. Doch: Obwohl sich bei vielen Völkern Amerikas Prophezeiungen über ein Kommen der Weißen und/oder über einen Weltuntergang finden, so ist doch keine dieser Prophezeiungen in der weiten Welt auch nur annähernd so bekannt und einflußreich geworden, wie die der Hopi. Selbst Angehörige anderer Indianervölker berufen sich heute auf die Hopi-Prophezeiung.

So offensichtlich nun allerdings die inhaltlichen Parallelen zwischen den Zukunftsprophezeiungen verschiedener Religionen sind, so deutlich sind oft auch die Unterschiede in Sprache und Bild – etwa zwischen der biblischen Endzeitvorstellung und derjenigen in der Hopi-Prophezeiung. In der Bibel wird der am Ende der Zeit zurückkehrende Christus als »Herr« vorgestellt und mit imperialen Attributen ausgestattet: »Man wird den Sohn des Menschen auf den Wolken kommen sehen mit großer Macht und Herrlichkeit« (Markus 13,26 u. a.). – Im letzten Buch der Bibel, der Geheimen Offenbarung des Johannes, die ja weitgehend apokalyptischen Endzeitvorstellungen gewidmet ist (das griechische Wort »Apokalypse« bedeutet wörtlich »Offenbarung«), ist nicht nur die Rede von einem »Neuen Himmel« und einer »Neuen Erde«, sondern auch immer wieder von imperialen Repräsentanten und imperialen Attributen, wie Macht, Herrschaft, Gewalt; Thron und Schwert; Heerscharen, Krieg und Feuerflammen; Kriegsoberste, Würdenträger und König der Könige.

In der Hopi-Prophezeiung dagegen wird der Zurückkehrende als Älterer Bruder vorgestellt, und es fehlen ihm weitgehend imperiale Attribute. Insgesamt ist ihre Prophezeiung – verglichen mit der biblischen – einfacher, bescheidener, bildhafter, »anspruchsloser«. – Ebenfalls erscheint bei den Hopi der Gedanke nicht so ausgeprägt, daß in jenen letzten Tagen falsche Propheten die Auserwählten irreführen werden (Markus 13,22). Wo kein absoluter Anspruch auf eine unmittelbare und konkrete Willensäußerung Gottes gestellt wird, wie es in der Bibel geschieht, da ist auch die Unterscheidung von wahren und falschen Propheten wenig sinnvoll. Vielmehr sagte eine Hopi-Frau zu mir: »Wir werden den Älteren Bruder bei seiner Rückkehr schon erkennen.«

Dabei bezog sie sich – ungeachtet des alten Streites, ob die weißen Euro-Amerikaner der Weiße Bruder seien – auf die vorausgesagten Erkennungszeichen, nämlich die Steintafeln, die er mitbringen wird und die zu denen passen werden, die vom Jüngeren Bruder, dem Volk der Hopi, verwahrt werden. Diese heiligen Steintafeln und die Fähigkeit, sie zu deuten, gelten als der entscheidende Test bei der Identifizierung des Wahren Weißen Bruders.

Der Ausdruck »falsche Propheten« wird allerdings von einigen Hopi (z. B. E. P.) heute benutzt, die der Ansicht sind, die Hopi-Lehren seien grundsätzlich geheim und dürften auch heute noch keinem Nicht-Hopi mitgeteilt werden. Als Grund für ihre Haltung geben sie z. B. an, die Prophezeiungen könnten Menschen erschrecken, die diese nicht verstehen und auch nicht deuten könnten. Als »falsche Propheten« bezeichnen sie dann mitunter diejenigen Hopi, die sich für die Publizierung der auch ihnen ehemals geheimen Lehren entschieden haben (vgl. Kap. 1 und das Nachwort) und die damit die Quelle unseres Wissens um die Hopi-Prophezeiung sind.

Wie es scheint, gibt es in der Hopi-Mythologie nicht die aus der Bibel vertraute Androhung ewiger Qual und Pein für den Bösewicht, der nach diesem seinem schlechten Leben verworfen wird und auf den eine Existenz des »Heulens und Zähneknirschens« wartet. Auf den Bösen wartet bei den Hopi keine eindeutig erkennbare Strafe in einer zukünftigen Welt. Seine Strafe ist wohl mehr, daß er diese Welt nicht überleben wird.

Nicht nur die Inhalte, sondern auch die Art der Prophezeiung ist bei den Hopi eine andere als in der Bibel. Hier treten Propheten auf, die sich als Sprachrohr des einen absoluten Gottes verstehen oder deren Wort von den Religionsgemeinschaften so gedeutet wird, daß dieser Gott durch sie spricht und auf diese Weise den Menschen seine konkrete Willensäußerung mit einem konkreten Entwurf der Zukunft zukommen läßt. In der Hopi-Prophezeiung gibt es kein Prophetentum in diesem Sinne; keine unmittelbare und absolute Herleitung aus direktem göttlichem Anspruch; keinen, der sich als Sprachrohr Gottes versteht, der beansprucht, die Stimme Gottes zu sein; also keine Gott-Unmittelbarkeit. Es gibt bei ihnen – im Unterschied zu anderen indianischen Stämmen – auch nicht die Formulierung »Ich hatte eine Vision ...« Die Hopi-

Formulierung in Verbindung mit Prophezeiungen lautet immer: »Ich habe es von meinen Vätern gehört...« oder: »Die von unseren Vorfahren überlieferten Lehren besagen...«.
Die Vorfahren aber haben diese Weisungen am Anfang dieser Welt von Massau'u als Lebensplan mitgeteilt bekommen. Die Prophezeiung ist bei ihnen also keine neue Botschaft Gottes durch den Menschen an die Menschen, sondern sie ist der jeweils in die Zukunft hineinreichende Teil des Lebensplanes und des Lebensgesetzes, die der Große Geist zu Beginn dieser Welt festgelegt hat. Geschichte ist nach diesem Hopi-Verständnis das Entfalten des ursprünglich Festgelegten.
Dieses »zu Beginn Festgelegte« ist aber niemals – wie etwa die Prophezeiungen der Bibel – in Worten niedergeschrieben und dokumentiert, sondern bis in dieses Jahrhundert nur mündlich tradiert worden. So hat sich auch bei ihnen nicht (wie im Judentum, im Christentum und im Islam) eine Theologie der Interpretation schriftlicher Dokumente herausbilden können. Vielmehr ermöglichte die mündliche Tradierung eine Anpassung des Tradierten an historische, regionale oder auch individuelle Umstände und Situationen und machte dadurch faktisch einen fortschreitenden mythischen und prophetischen Prozeß möglich. Und da es bei den Hopi (oder bei anderen Indianern) nicht – wie etwa in christlichen Kirchen – einen monarchisch und hierarchisch strukturierten Episkopat gab, der jede Offenbarung einem verbindlichen Lehramt unterstellt, konnten bei ihnen unterschiedliche Bedingungen und Überlieferungslinien über Jahrzehnte und Jahrhunderte hinweg auf natürliche Weise zu Variationen in der Überlieferung und zu unterschiedlichen Interpretationen der Mythen und Prophezeiungen führen. In der Katholischen Kirche ließe sich hiermit am ehesten wohl die Bedeutung der »Tradition« vergleichen, der ja auch eine Offenbarungsqualität zugesprochen wird.
Neutestamentliche Prophezeiungen und solche der Hopi ähneln sich wiederum insofern, als keine von beiden einen festen Zeitpunkt oder einen Termin angibt, zu dem das Ende der Welt ansteht. Im Neuen Testament wird in aller Regel die Berechnung von Zeiten und Terminen für die endzeitliche Katastrophe abgelehnt. Hopi wehren sich ausdrücklich dagegen, daß in ihren Prophezeiungen je von Terminen oder überhaupt von Zahlen die Rede gewesen sei. Deshalb wandten sich

T. B. und D. M. in meiner Gegenwart auch vehement gegen die Vertreter der »Harmonischen Annäherung« (»Harmonic Convergence«), die sich für ihre Errechnung des 16. und 17. August 1987 als Beginn des Neuen Zeitalters auch auf die Hopi-Prophezeiung berufen wollten.

Allerdings sagen die Hopi – im Unterschied zum Neuen Testament – in welchem Stadium auf dem Wege zum Ende hin wir uns ungefähr befinden, nämlich auf der letzten oder der vorletzten von vier Stufen. Diese Stufen bezeichnen jeweils spezifische Entwicklungszustände in materieller, technischer, geistiger und moralischer Hinsicht, wie das folgende Schaubild zeigt:

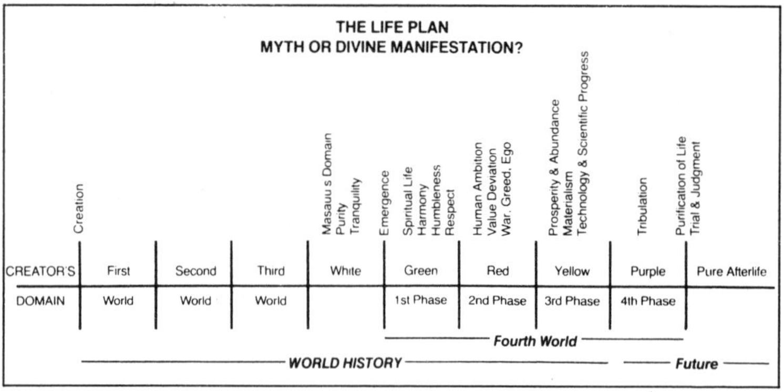

Quelle: Report of the Second Hopi Mental Health Conference; Hopi Health Department, The Hopi Tribe, Kykotsmovi, Arizona 1983, S. 35. – Mit freundlicher Genehmigung.

Dieses von Hopi angefertigte und veröffentlichte Schaubild bezieht sich auf die Abfolge der verschiedenen Welten seit der Schöpfung und auf die Entwicklungsphasen dieser Vierten Welt. Es geht daraus hervor, daß sich die Menschheit in der vorletzten oder letzten Phase dieser Welt befindet, die gekennzeichnet sind durch »Wohlstand und Überfluß, Materialismus, Technologie und wissenschaftlichen Fortschritt« (3. Phase) oder schon durch »Drangsal, Leiden (= tribulation)« (4. Phase).

Die Bereitschaft der Hopi, inhaltliche Entwicklungsstufen auf dem Wege zum Ende der Welt hin zu markieren, mag ein Grund für das wachsende Ansehen und die Berühmtheit ihrer Prophezeiung sein. Hier hat auch der schon erwähnte Hopi-Begriff »Koyaanisqatsi« = »Welt ohne Gleichgewicht« seinen Platz. Es geht dabei nicht um Vorzeichen des kommenden Endes, sondern um Entwicklungsstufen auf dieses Ende zu. Darin wagt sich die Hopi-Prophezeiung also inhaltlich weiter vor, als die neutestamentlichen Endzeitvorstellungen es tun.
Schließlich: Es ist gesagt worden, daß es nicht die Absicht biblischer Prophetie und Apokalyptik sei, die zukünftige Geschichte im voraus zu beschreiben, sondern daß sie den Sinn von Geschichte (nämlich als Heils- oder als Unheilsgeschichte) religiös-theologisch deuten will. Diese Deutung von Prophetie dürfte für Hopi-Prophezeiungen (und wohl auch für andere Prophezeiungen) ebenso zutreffen wie für die biblische Prophetie.

11 Gründe für das akutelle Interesse an Prophezeiungen in der Hopi-Gesellschaft

Bei aller Ähnlichkeit und Verschiedenheit der Hopi-Prophezeiungen im Vergleich zu anderen Prophezeiungen scheint es doch, daß heute – und vielleicht auch schon in der Vergangenheit – das Umgehen mit Prophezeiungen bei den Hopi eine größere Rolle gespielt hat (und spielt) als in anderen Kulturen. Jedenfalls steht außer Zweifel, daß Hopi in der Vergangenheit wie in der Gegenwart immer wieder die Neigung bekundet haben, sich rasch auf Prophezeiungen zu berufen. »Die Hopi sind sehr geneigt, sowohl gegenwärtige wie vergangene Situationen durch Prophezeiungen zu ›klären‹« (*M. Titiev* 1974, S. 201). Bei Landkonflikten, bei politischen Auseinandersetzungen und auch bei persönlichen Problemen bemühen Hopi gern ihre Prophezeiungen, um zu Lösungen zu kommen. Die Berufung auf eine Prophezeiung ist gewissermaßen das Suchen nach einer höheren Legitimation des eigenen Standpunktes.

Ein Beispiel: Die Hopi-Frau Polingaisy vom Coyote-Clan verbrachte lange Zeit ihres Lebens, z. T. als Lehrerin, in der Gesellschaft der Weißen unter dem Namen Elizabeth White. Sie war deshalb immer eine Verfechterin einer Verbindung oder sogar einer Integration von weißer und indianischer Kultur, auch noch nach ihrer Rückkehr zur Reservation, wo sie sich dann als Töpferin einen Namen machte. Über ihr Leben hat sie ein Buch geschrieben mit dem kennzeichnenden Titel »No Turning Back«. Der letzte Abschnitt des Vorwortes darin lautet so:

»Meine Großmutter, die eine prophetische Frau war, pflegte zu sagen: ›Es sind die Mitglieder des Coyote-Clans, Polingaisy, zu denen Bahana noch im Laufe deines Lebens kommen wird – oder im Laufe des Lebens deiner Nachkommen. Und ihr, vom Coyote-Clan, werdet ein Bindeglied sein zwischen Bahana und dem Hopi-Volk‹. – Ich bin in meinem Herzen genug Indianerin, um zu glauben, daß ihre Prophezeiung erfüllt worden ist.«

Polingaisy identifiziert hier offensichtlich Bahana – Weißer Bruder – Weißer Mann miteinander. Dabei ist es sehr charakteristisch für sie, am Ende des Vorwortes zu ihrer Lebensgeschichte darauf hinzuweisen,

daß das ganze Buch, also ihre Lebensgeschichte, die Erfüllung einer Prophezeiung darstellt.
Ein anderes Beispiel: Die Hopi-Frau Helen Sekaquaptewa schreibt in ihrem Lebensbericht »Me and Mine« (S. 67) über die Auseinandersetzungen zwischen den Anpassungswilligen und den Anpassungsgegnern im Dorf Oraibi (diejenige Auseinandersetzung, die im September des Jahres 1906 zum Auseinanderfallen des Dorfes führte):

»Während dieser Zeit wurde häufig eine Prophezeiung wiederholt, die besagte: Es werde eine Zeit kommen, wenn das Dorf geteilt sein werde und eine der beiden Gruppen würde für immer von der Mesa weggejagt werden. Die Entscheidung, wer gehen müsse und wer bleiben dürfe, werde davon abhängen, welche Partei in der Lage sei, die andere über eine Linie zu drücken, die auf dem Boden gezogen werden sollte.«

Genau in dieser prophezeiten Art und Weise erfolgte dann tatsächlich die Entscheidung.
Auch bei anderen politischen Konflikten unter den Hopi in der Vergangenheit versuchte jede Seite gern, ihren Standpunkt zu rechtfertigen und die »Heiligkeit« ihres Anliegens zu beweisen, indem sie sich auf die Hopi-Mythologie und die Hopi-Prophezeiung berief. Jerrold Levy faßte es in einem Gespräch (Juli 1987) so zusammen:

»Bei allen Konflikten um Land haben Menschen Prophezeiungen vorgebracht, die angeblich den Konflikt, wenn auch nicht seine Lösung, vorhersagten. Die Prophezeiungen erscheinen immer, *nachdem* das Problem schon aufgetaucht ist – *niemals* vorher. Sie sind immer ›post facto‹ – Prophezeiungen. Dieses hat mich immer interessiert, und ich habe verschiedene Leute gefragt, warum sie die Prophezeiung niemals vor dem Konflikt (oder was immer es war) erwähnten, wenn sie diese doch kannten. Die Antwort war dann, daß ihr Großvater etwas zu ihnen vor vielen Jahren gesagt hatte (als er noch lebte), aber sie wußten zu der Zeit nicht, was es bedeutete und erinnerten sich erst später daran, als es für sie einen Sinn ergab.«

Als weiterer Grund für die »Prophezeiungsfreudigkeit« der Hopi wird gelegentlich angeführt, daß die Hopi-Gesellschaft als ursprünglich theokratische Gesellschaft so konservativ und immobil sei, daß ein Mensch nur dann etwas in ihr bewegen könne, wenn er die neuen Ideen in ein altes, überliefertes Gewand kleide, also sich auf eine Prophezeiung berufe; d. h. wenn er seine Position durch eine Bestätigung aus der

(mythischen) Vergangenheit sanktionieren könne. »Ich glaube, daß es in dieser sehr konservativen Kultur für Individuen keine Möglichkeit gibt, Neuerungen zu bringen, wenn sie ihre Position nicht mit irgendetwas aus der Vergangenheit – einer Prophezeiung – untermauern können« (J. Levy bei der gleichen Gelegenheit).
Der zutiefst religiös-gläubige Grundzug dieser Menschen mag auch zu einer willigen Anerkennung dessen, was prophezeit wurde, beigetragen haben. Vor allem aber wird ihre ärmliche und stets vom Hunger bedrohte Existenz in dieser unfruchtbaren Steinwüste dazu geführt haben, daß sie immer wieder in Prophezeiungen, die ihnen einen Helfer versprachen, Hoffnung und Vertrauen in die Zukunft fanden. So tauchen denn auch schon in den frühesten Berichten über das Volk der Hopi ihre Prophezeiungen auf.
Dennoch scheint die Bedeutung der Prophezeiungen im täglichen Leben in den letzten Jahren noch gewachsen zu sein. Ein Grund dafür mag in dem Faktum liegen, das sich nach dem II. Weltkrieg ergab und das oben in Kapitel 1 angesprochen wurde: Religiöse Führer der Hopi sahen den Abwurf der Atombomben in Japan als die Erfüllung eines vorhergesagten Zeichens an. Sie waren – und sind – deshalb der Auffassung, daß das Ende dieser Welt nicht mehr lange auf sich warten läßt, und sie haben sich aus diesem Grund dazu bekannt, die früher überwiegend geheimgehaltenen Lehren und Weisungen des eigenen Volkes in der Welt publik zu machen. Dieses ist dann seit Ende der vierziger Jahre dieses Jahrhunderts in einer Fülle von schriftlichen und mündlichen Publikationen tatsächlich geschehen. Insofern hat die große Weltsituation im und nach dem Zweiten Weltkrieg dazu beigetragen, daß die Prophezeiungen bei den Hopi selbst besondere Aufmerksamkeit fanden.
Darüber hinaus führen bestimmte Zeiten, Entwicklungen und Ereignisse in einer Kultur ebenfalls zu einer Intensivierung von prophetischen Aussagen. Dazu gehören anscheinend vor allem Situationen, in denen sich eine Kultur – und das heißt immer auch eine Religion – existentiell bedrängt sieht und die Fortführung der eigenen Lebensform, der eigenen Weltansicht und Wertordnung ernstlich gefährdet erscheint. Es ist kaum verwunderlich, daß eine solche Situation Weltuntergangsstimmungen und Endzeiterwartungen erzeugt (denn tatsäch-

lich ist ja die eigene Welt vom Untergang bedroht) und daß religiöse Führer aufstehen, die in der Mythologie Prophezeiungen des Untergangs herausarbeiten oder die das Ende wenigstens für den Fall kommen sehen, daß die Menschen nicht umkehren und sich wieder zur alten Religion und Lebensform bekennen.

Es dürfte keine Frage sein, daß Religion und Kultur der Hopi sich seit vielen Jahrzehnten – im Prinzip seit der Ankunft der Spanier 1540 – verstärkt seit der Ankunft der Anglo-Amerikaner in der zweiten Hälfte des vergangenen Jahrhunderts – und ganz besonders heute in dieser Situation existentieller Bedrängnis und Bedrohung befinden. Die dominante Kultur des europäisch geprägten »weißen« Amerika mit ihrem Vertrauen auf technische Beherrschbarkeit der Natur, mit ihrer biblisch begründeten zentralen Stellung des Menschen in der Schöpfung und mit ihrer Sonntagsreligiosität steht eindeutig in krassem Widerspruch zur tradierten Lebensform der Hopi, in der die Menschen früher kein Wort für Religion hatten, »weil unser ganzes Leben Religion war« (Feststellung verschiedener Hopi und anderer Indianer).

Heute können religiöse Traditionen oftmals nur mit Mühe aufrechterhalten werden; die Hopi-Sprache wird von der jüngeren Generation noch verstanden, aber kaum gesprochen; der Anschluß der meisten Hopi-Dörfer an das elektrische Stromnetz (nur drei Hopi-Dörfer haben sich bis zum heutigen Tage erfolgreich geweigert, an das Stromnetz angeschlossen zu werden) bringt mit dem amerikanischen Fernsehen den ganzen Rummel einer materialistisch orientierten Zivilisation auf die Reservation. Und die Kräfte der Verführung, die einer materialistischen Kultur zur Verfügung stehen, sind offensichtlich sehr stark. Ihr erliegen natürlich auch Indianer, auch Hopi. Alkohol-Probleme, obwohl noch nicht so bedrängend wie auf vielen anderen Indianergebieten, treten auch bei den Hopi mehr und mehr hervor.

Viele Menschen der Hopi drücken es immer wieder so aus, daß sie ihre Kultur als von der dominanten weißen Kultur überlagert empfinden, gewissermaßen in die Ecke gedrängt, ohne Ausweg: »cornered«, »under siege«, wie sie es nennen. Von der ersten Hopi Mental Health Conference (1981) hieß es (S. 13f.):

»Die Gedanken der Hopi-Prophezeiung, die Zerstörung und Ende vorhersagen, hingen über jedem Teilnehmer... Es gab die deutliche Erkenntnis, daß sich die Zeiten geändert haben und daß die alten Traditionen und Glaubensüberzeugungen unter dem Angriff moderner Einflüsse stehen. Viele Hopi brachten die Furcht zum Ausdruck, daß ihre Kultur sterbe und daß die gegenwärtige Welt zu einem Ende komme.«

Dazu kommt innerhalb der Hopi-Gesellschaft die Auseinandersetzung zwischen den mehr traditionell und bewahrend eingestellten Menschen auf der einen Seite und den mehr fortschrittlichen und anpassungswilligen auf der anderen Seite. Angesichts der fortschreitenden Entwicklung erleben sich die Traditionalisten oft als hilflos in ihrem Bemühen, die überlieferte Lebensform zu erhalten. Deshalb ist ihre Klage über den Verlust der traditionellen Werte auf der Reservation verbreitet. Kein Wunder, daß sie das Ende ihrer traditionsgeprägten Welt kommen sehen. Und in dieser Bedrängnis erinnern sie sich besonders lebhaft der Prophezeiungen ihrer Väter, in denen es heißt, daß das Ende dieser Welt kommen werde, wenn gewisse Vorzeichen erfüllt seien. Viele dieser Vorzeichen sehen die Hopi jetzt erfüllt – darunter auch das Beispiel, daß ihre spirituell orientierte Kultur von einer materialistisch orientierten zunehmend überwältigt werde. In dieser Bedrängnis ist die Versuchung besonders groß, sich in Vorstellungen von fernen Helfern, von Rettern und Rächern, die von außen kommen, zu flüchten. Und so prophezeien viele von ihnen das baldige Ende dieser Welt.
Zwar wissen wir, daß Hopi-Prophezeiungen in ihrem Kern offensichtlich alt sind. Trotz dieser langen Tradition prophetischer Überzeugungen macht es jedoch die bedrängte geistige und religiöse Situation der Gegenwart verständlich, daß ihre Prophezeiungen vor allem jetzt einen besonderen Grad an Intensität und Popularität entwickeln und in den letzten Jahrzehnten einen mehr und mehr apokalyptischen Charakter angenommen haben. Auch das hat zur Verbreitung dieser Aussagen bei den Hopi und bei uns beigetragen.
Über die Gefahren für ihre eigene Kultur hinaus erkennen viele Hopi aber heute auch die globalen Gefahren für die Existenz der Menschheit, wie sie etwa durch die Entwicklung der Atombombe und nun auch durch Umweltzerstörung markiert sind. Dieses hat auch bei den Hopi das Endzeitdenken verstärkt, denn »bedrohte Welt« und »Endzeit«

liegen für den Nachdenklichen nahe beieinander. Ob der Abwurf der Atombomben auf Japan 1945 tatsächlich der »gourd of ashes« in der Hopi-Prophezeiung entspricht, ist natürlich eine Frage der Interpretation, die auch nicht von allen Hopi in der gleichen Weise beantwortet wird. Aber diese Identifizierung hat bei zahlreichen religiösen Führern im Jahre 1947 zu einer Intensivierung des Endzeitdenkens beigetragen. Doch diese »Kürbisschale voller Asche« ist nach der Hopi-Prophezeiung nur eines von vielen Vorzeichen, die den kommenden Tag der Reinigung und damit das Ende dieser Welt ankündigen. Viele oder die meisten von ihnen werden heute als erfüllt angesehen. »Viele Dinge wurden uns prophezeit und erfüllen sich heute«, sagte A. H., Haupt des Bluebird Clan im Dorf Shungopovi, im Jahre 1968. Dabei kann man diese Vorzeichen in drei Gruppen einteilen:

a. Vorhergesagte Naturkatastrophen

Wo auch immer auf der Erde Überflutungen, Vulkanausbrüche, Hungersnöte, Kriege, Krankheiten, Katastrophen als Folge von Blitz und Donner, Erdbeben oder Flugzeugabstürze stattfinden, da neigen Hopi sehr dazu, sie als Erfüllung vorhergesagter Vorzeichen zu deuten. So sagte meine (christliche) indianische Hauswirtin nach dem Absturz eines amerikanischen Flugzeugs bei Detroit im August 1987, bei dem mehr als 150 Menschen umkamen und nur ein vierjähriges Mädchen namens Lucy überlebte, daß dies ein klares Vorzeichen des kommenden Endes sei.

Ein anderes prophezeites Vorzeichen ist, daß es eine Zeit geben werde, da man erst mit der Schaufel den Boden vom Schnee reinigen müsse, bevor man (Mais) pflanzen könne. Dieses geschah im Jahre 1978:

»Der gestrenge alte Herr namens ›Winter‹ war gewißlich durcheinander, denn es schneite noch Ende April! Ein älterer Mann aus Oraibi klagte: ›Nun, genauso mußte es kommen‹ . . . Es ist auch vorausgesagt, daß diese Änderungen des Wetters sich in einer dramatischen Form fortsetzen werden und daß sie schließlich dazu führen werden, daß es keine Ernten mehr geben wird und daß Hungesnöte ausbrechen werden. Eine andere Vorhersage als Vorspiel der Hungersnot ist Wind. Es ist prophezeit, daß zerstörerische Winde das Land verschlingen werden. Ein Sturm wird den Mutterboden und die keimenden Feldfrüchte forttragen. Es wird dann keine Ernte geben« (Hopi Mental Health Conference 1982, S. 46).

Aus diesem Grunde legen gläubige Hopi Vorräte an Nahrungsmitteln an, um für diese jetzt erwartete Not und Teuerung gerüstet zu sein. Deshalb sagte der Hopi A. D.: »Wenn den Supermarkets in den Städten in diesen Wochen die Lebensmittel ausgingen, so würde es den Hopi nicht wehtun. Denn wir sind vorbereitet« (*St. Steiner* 1976, S. 5).

b. Vorhergesagte technische Entwicklungen

Hopi zitieren eine große Zahl solcher Prophezeiungen, die sich nach ihrer Ansicht inzwischen alle erfüllt haben. So sei die Prophezeiung der Vorfahren erfüllt, es werde Straßen am Himmel geben und dort würden sich Fahrzeuge ohne Räder bewegen; man würde also durch den Himmel reisen.

»Und ›Es wird Tage geben, wenn Menschen morgens aufwachen werden, dann werden sie hoch in den Himmel steigen, an einem entfernten Ort landen, dort eine Mahlzeit einnehmen und vor Sonnenuntergang zurück sein.‹ So sagten sie voraus über die heutige Zeit. Und da ich über diese Worte staune, kann ich nur sagen, daß sie wahr geworden sind« (H. J. L., Katsinmonqwi von First Mesa; Hopi Mental Health Conference 1983, S. 18).

Auch die Prophezeiung, ein Spinngewebe von Linien werde das Land überziehen und mit seiner Hilfe könnten Menschen an weit entfernten Orten miteinander sprechen, sehen Hopi inzwischen erfüllt. – In diesen Zusammenhang gehört auch die eben angesprochene Atombombe im Bild der »Kürbisschale voller Asche«.

Die Prophezeiung, daß der Untergang dieser Welt durch Überbevölkerung der Erde gekennzeichnet sein werde, kann man ebenfalls in diesem Zusammenhang sehen: »Sind wir der Reinigung nahe? ... Wenn die menschliche Geburtenrate nicht dramatisch sinkt oder eine Naturkatastrophe unvorstellbaren Ausmaßes die Erde erschüttert oder ein Krieg kommt: Dann wird unsere Generation noch die gänzliche Erfüllung dieser Prophezeiung erleben« (Hopi Mental Health Conference 1982, S. 44f.).

c. Vorhergesagter moralischer Verfall

Dieser bezieht sich nicht ausschließlich, aber vor allem auf die Beziehung der Geschlechter zueinander, also besonders auf das sexuelle Verhalten der Menschen.

»Die Hopi-Prophezeiung sagt, ... das es eine totale Mißachtung der Klane, der Verwandtschaft und sogar der eigenen Schwestern und Brüder geben wird. Jeder wird sexuelle Beziehungen haben, mit wem er will. An dieser Stelle der Entwicklung sind wir vielleicht jetzt schon ... Sexuelle Beziehungen werden kein Schamgefühl mehr kennen. Alkohol wird es in Mengen geben. Unsere eigenen Leute werden überall betrunken herumliegen. Die alten Leute haben prophezeit, daß dies geschehen wird – Koyaanisqatsi« (Hopi Mental Health Conference 1981, S. 53).

Meine indianische Hauswirtin sagte, es sei prophezeit, daß Mädchen und Jungen nicht mehr voneinander zu unterscheiden sein würden, da sie die gleiche Kleidung trügen; und es sei prophezeit, daß Männer und Frauen häufig verschiedene Geschlechtspartner haben würden. Auch sei prophezeit, daß junge Leute nicht mehr heiraten, sondern »aus vielen Töpfen nacheinander essen« wollten. Diese Voraussagen sah sie heute alle in Erfüllung gehen und hielt die Gegenwart für eine besonders schwere Zeit.

Ein anderes, von vielen Informanten erwähntes Vorzeichen ist schließlich: Wenn ein Kind – ein Mädchen, das selbst noch ein Kind sei, in jedem Falle viel jünger als zehn Jahre alt – ein Kind gebäre, dann stehe das Ende dieser Welt unmittelbar bevor. Niemand sagte, daß sich dieses Vorzeichen schon erfüllt habe, aber alle, die dieses Zeichen erwähnten, schienen zu erwarten, daß es sich in naher Zukunft erfüllen werde.

Wir hörten oben, daß andere Indianervölker ähnliche Prophezeiungen von einem Ende der Welt haben. Das Image der Hopi bei anderen Indianern ist aber so bemerkenswert, daß sich manche von ihnen auf die Hopi berufen, wenn sie sich über die zukünftige Entwicklung äußern. So sprach die Tulalip-Indianerin Janet McCloud in einem Vortrag in Österreich 1987 von dem »Ende des Kreises«, dem sich die Menschen nähern, und sie fügte hinzu,

»... daß wir uns jetzt in einer gefährlichen Zeit befinden. Ihr sollt versuchen, was ihr könnt, um euch selbst, eure Leute und euer Land zu beschützen . . . Es ist jetzt die Zeit, in der die Prophezeiungen der Hopi über den ›Tag der Reinigung‹ . . . wahr werden.«

Sie empfahl, Vorräte anzulegen und sich so auf den Tag vorzubereiten, an dem das Geldsystem zusammenbrechen werde. Nach ihrer Überzeugung ist mit den Tagen der »Harmonic Convergence« – der »harmonischen Annäherung« – am 16. und 17. August 1987 die Zeit der Reinigung angebrochen. »Alles muß gereinigt oder geläutert werden; viele Menschen müssen viel erleiden, auch die Unschuldigen . . .« Janet McCloud rät dann in ihrem Vortrag den Menschen, den Prozeß der Reinigung soweit wie möglich selbst vorwegzunehmen:

»Irgendwie müssen die Menschen ihre Lebensweise, die so weit von der Natur entfernt ist, beenden. Sie müssen jene Art von Entwicklung stoppen, die das Land zerstört und die Gewässer verschmutzt, und sie müssen versuchen, wieder ein einfacheres Leben zu führen . . .«
(Esotera 2/88, S. 16).

12 *Gründe für das Interesse an den Hopi-Prophezeiungen bei den Menschen unseres Landes und unserer Kultur*

Doch nun zu uns selbst: Weshalb fällt die Prophezeiung der Hopi-Indianer, eines kleinen Naturvolkes am Rande der zivilisierten Welt, hier in der westlichen Welt, hier inmitten des mehrtausendjährigen Abendlandes auf so fruchtbaren Boden? (Im Vorwort wurde auf einige Publikationen zu diesem Thema hingewiesen.)
Offensichtlich sind auch bei uns eschatologisches Bewußtsein, apokalyptische Erwartungen und Endzeitstimmungen verbreitet und machen uns hellhörig für entsprechende Aussagen und Weisungen bei anderen Völkern – zumal bei Naturvölkern, die sich von unserer Kultur durch eine andere Weltansicht und andere Wertstrukturen unterscheiden. Tatsächlich wird ja von Menschen hierzulande die Zukunftsfähigkeit unserer westlichen Zivilisation schon seit geraumer Zeit in Zweifel gezogen, zeichnen sich hier gar ein rapides Schwinden allgemeiner Zukunftsgläubigkeit und die Angst vor einer apokalyptischen Katastrophe ab. Die Gründe für diesen Kulturpessimismus sind sicher vielschichtig. Wir können aber mindestens vier wichtige Aspekte unterscheiden, welche die Weltuntergangsbefürchtungen bei uns verursacht oder intensiviert haben:

a. Da ist zunächst die akute Gefährdung von Natur, Welt und Menschenleben durch die Overkill-Kapazität der Waffenarsenale, durch Genmanipulation oder auch durch unsere mutwillige Zerstörung der Natur. Hans Jonas sprach (Pfingsten 1988) vom »apokalyptischen Potential der Technik«. Diese Gefahren lassen bei vielen Menschen unseres Kulturkreises den Eindruck einer Überlebenskrise der Menschheit und Zweifel an der Richtigkeit der abendländischen Lebensform und ihrer Überlebensfähigkeit entstehen. Viele Menschen meinen, daß die westliche Fortschritts- und Wissenschaftsgläubigkeit abgewirtschaftet habe, entwickeln Skepsis oder gar Resignation gegenüber grundsätzlichen Aspekten des technologischen Fortschritts und sehen den »Zusammenbruch der industriellen Zivilisation« (Alvin Toffler) auf unserem Planeten voraus.

So ist selbst ein aktiver Politiker wie der Niedersächsische Umweltminister Werner Remmers der Ansicht, daß »diese moderne Industriezivilisation längst an ihrem Fortschrittsmythos zu zweifeln begonnen hat« und »daß die Wachstums- und Fortschrittsgesellschaft alten Stils den Bogen überspannt hat, ... daß Wissenschaft und Technik ihre Unschuld verloren haben und daß das Vertrauen in ihre nahezu unbegrenzte Problemlösungskapazität erschüttert ist, ... daß wir in einer tiefgreifenden Entwicklungs- und Strukturkrise stecken«. Angesichts der »Krisenhaftigkeit der gegenwärtigen Entwicklung« und angesichts des Endes von Wissenschaftsgläubigkeit, Machbarkeitsgläubigkeit und Wachstumsgläubigkeit stellt er die Frage, ob unsere Zivilisation überhaupt einer Zukunftsethik fähig sei. (Oktober 1987, o. S.)

Der Wissenschaftler und Kulturkritiker Hoimar von Ditfurth sagte am 2. Weihnachtstag 1987 im Deutschen Fernsehen: »Wir sind verloren. Die menschliche Rasse wird nicht überleben. Außer vielleicht einigen wenigen, die dann vielleicht eine neue Existenz beginnen.« – Dieses Zitat von der »Gewißheit des bevorstehenden Untergangs« unserer Welt könnte wörtlich so aus der Hopi-Prophezeiung stammen und von einem Hopi heute so formuliert werden.

Der Titel des Buches »So laßt uns denn ein Apfelbäumchen pflanzen: Es ist soweit« (1985) von Hoimar von Ditfurth reflektiert die gleiche eschatologische Grundstimmung, die gleiche Endzeitstimmung, denn er stammt ja aus dem Martin Luther zugeschriebenen Satz: »Und wenn ich wüßte, daß morgen die Welt untergehe, so würde ich doch heute mein Apfelbäumchen pflanzen.« Es ist darum nicht verwunderlich, daß auch der allererste Absatz dieses Buches (S. 7) der menschlichen Zukunft wenig Hoffnung läßt:

»Es steht nicht gut um uns. Die Hoffnung, daß wir noch einmal, und sei es um Haaresbreite, davonkommen könnten, muß als kühn bezeichnet werden. Wer sich die Mühe macht, die überall schon erkennbaren Symptome der beginnenden Katastrophe zur Kenntnis zu nehmen, kann sich der Einsicht nicht verschließen, daß die Chancen unseres Geschlechts, die nächsten beiden Generationen heil zu überstehen, verzweifelt klein sind.«

Auch dieser Text würde nach meinen Erfahrungen von vielen Hopi so bestätigt werden. »Diese (Hopi-)Prophezeiung trifft sich mit den Ansichten der Ökologen und Wissenschaftler, die meinen, daß der Verlust des Gleichgewichts in der Natur nicht mehr rückgängig zu machen ist« (*D. Boyd* 1974, S. 51). Und beide Seiten meinen im Prinzip dasselbe: Hopi sehen das Ende der Welt auch deshalb kommen, weil die Menschen von der traditionellen Wertordnung, wie sie den Hopi vom Großen Geist gegeben wurde, von dem überlieferten Respekt und der Ehrfurcht vor der Natur, mehr und mehr abweichen und sich der materialistischen Zivilisation der Weißen anheimgeben. Menschen unserer Kultur dagegen erkennen die Zeichen des nahenden Untergangs gerade in der konsequenten Verfolgung unserer »weißen« zerstörerischen Lebensform, Weltsicht und Wertordnung:

»Wenn wir darüber reden, was es bedeutet, in einer Welt zu leben, die ihrem Ende zugeht, dann müssen wir dabei auch gleichzeitig sehen, was für eine Art Welt es ist, die da ihrem Ende zugeht. Einer Perversion des Lebens wird ein Ende gesetzt, einer Krebsgeschwulst. Zu manchen Zeiten müssen manche Dinge, die die Erde zerstören, selbst zerstört werden, um damit die Erde zu retten. Das ist ein natürlicher Vorgang... Wenn eine Gesellschaft zu krank oder einfach zu müde zum Leben wird, stirbt sie.« (Gerald Wilkinson; in: *St. Steiner* 1985, S. 252)

b. Ein zweites Moment, welches das Endzeitdenken in unserer Gesellschaft intensiviert, ergibt sich aus der oben skizzierten Situation und wird häufig als »Bewußtseinswandel«, »Wertewandel«, »Paradigmenwechsel« oder auch als »neue Form der Wahrnehmung« bezeichnet. Hierin kommt ein deutliches Unbehagen an der Modernität, an der Rationalität und Funktionalität unserer gesellschaftlichen und politischen Strukturen, an der Verdinglichung und Versachlichung unseres Lebens, an der Entmythisierung und Entzauberung unserer Wirklichkeit, an der Entgöttlichung der Welt, an den Formen der modernen Industriegesellschaft insgesamt zum Ausdruck.

»Die neue Sprache des Wertrelativismus stellt einen Wechsel in unserer Ansicht der Wirklichkeit dar, der ebenso groß ist wie derjenige, welcher stattfand, als das Christentum das griechische und römische Heidentum ablöste. – Eine neue Sprache spiegelt immer eine neue Sicht der Wirklichkeit wider« (*A. Bloom* 1988, S. 17).

Alle diese Tendenzen eines neuen Denkens, einer geistigen Neuorientierung größten Ausmaßes zur Gewinnung eines neuen Weltbildes sammeln sich bei uns gelegentlich in dem Begriff »New Age« = »Neues Zeitalter«. Keine Frage, daß heute bei uns unter dem Begriff »New Age« sehr verschiedene und unterschiedlich zu bewertende Bewegungen, Philosophien, Theorien und Verhaltensformen zusammengewürfelt werden. Diese (im Augenblick vielleicht unvermeidliche) definitorische »Schlampigkeit« des Begriffes kann uns hier nicht näher beschäftigen. Wenn man will, kann man sie als Symptome der Geburtswehen des »Neuen Zeitalters« deuten. In unserem Zusammenhang ist nur wichtig, welcher geistige Horizont der Gegenwart, welches Defizit an ganzheitlichem, integralem Bewußtsein in unserer abendländischen Lebensform durch die Bewegung des »New Age« sichtbar gemacht wird.

Wichtig für uns ist außerdem, daß dieser Begriff »New Age« in sich schon das Ende von Vergangenem und den Beginn von etwas Neuem verkündet. Gemeint ist damit nach den Repräsentanten des »New Age« (Fritjof Capra, Marylin Ferguson, Ken Wilber, Sir George Trevelyan u. a.) das Ende des alten mechanistisch-deterministischen Weltbildes und der Beginn einer neuen ganzheitlich-ökologischen Weltauffassung – »wie in alten Stammeskulturen« (so ein Wissenschaftler).

Hier findet sich ausdrücklich der Anschluß dieses Denkens an Stammeskulturen, an die Weltsicht von Naturvölkern und Naturreligionen. Man erwartet, daß in diesen Kulturen die dualistische Spaltung zwischen Geist und Materie, zwischen Gott und Welt, zwischen Mensch und Natur, zwischen Subjekt und Objekt nicht gilt, daß vielmehr die ganzheitliche Zusammengehörigkeit alles Seienden begriffen wird. Es wird also eine holistische (ganzheitliche) Weltanschauung erstrebt, für die alles Seiende geistgeprägt oder spirituell ist – für die alles Seiende eins, ein Ganzes ist – und für die alles Seiende miteinander verbunden, also vernetzt ist.

So wird der ganze Kosmos als einheitliches spirituelles Energiefeld verstanden. Daraus ergibt sich, daß in allem Seienden Bewußtsein

angelegt ist, daß das kleine Ich mit dem großen Kosmos integriert ist und daß das menschliche Bewußtsein durch sein Meditieren, Denken und Wollen auf dem Weg der spirituellen Verbindungslinien mit allem anderen Seienden kommunizieren kann. So versteht sich das zentrale Ziel dieser Bewußtseinsrevolution: den Menschen das »Kosmische Bewußtsein«, die »Kosmische Einswerdung«, gewissermaßen ein »Ozeanisches Einheitsbewußtsein« näherzubringen.
Wer mit indianischem Denken und dem Denken von Naturvölkern vertraut ist, dem entgehen hier nicht die zahlreichen Anleihen bei Naturreligionen. Man erkennt ohne Schwierigkeit die Sehnsucht nach der Ganzheit in dieser seit Plato und Mose vom Dualismus geprägten abendländischen Welt. Man erkennt die Sehnsucht nach dem Geheimnisvollen in einer grundsätzlich ent-zauberten, ent-mythisierten, entsakralisierten Welt. Und man erkennt die Sehnsucht nach einer Weltauffassung von der Brüderlichkeit aller Erscheinungen, von einer Weltfamilie, von einem kosmischen Verbund anstatt der bisher von Abendländern praktizierten Ichsucht eines planetarischen Alleinherrschers.

»Das neue Weltbild, das jetzt ausformuliert wird und sich entwickelt . . . ist ein ganzheitliches Weltbild, da das Ganze mehr betont wird als die Teile. Man kann es auch ein ökologisches Bild nennen, da es auf einem Bewußtsein der grundlegenden Vernetzung beruht, der Verknüpftheit aller Phänomene, auf einem Bewußtsein des Eingebettetseins oder Eingebundenseins des Menschen sowie auch der Gesellschaft in die zyklischen Prozesse der Natur« (*F. Capra*, NDR III, 29. 12. 87).

Eine geistige Transformation solch globalen Umfangs in unserer Kultur – wenn sie denn gelänge – würde tatsächlich das Ende einer Welt-Sicht (und damit auch das Ende einer »Welt«!) und den Beginn einer neuen bedeuten.
»Wendezeit« (so der Titel eines der Bücher von Fritjof Capra) bedeutet dann nicht nur »Zeiten-Wende«, sondern auch »Zeiten-Ende« und danach »Zeiten-Anfang«.

Neben der physischen Gefährdung unserer Welt markiert also ein Werte- und Bewußtseinswandel das Endzeitdenken in unserer Welt.

c. Weiterhin ist in diesem Zusammenhang nicht ohne Bedeutung, daß sich die Menschheit der christlichen Zeitrechnung jetzt nicht nur dem Ende eines Jahrhunderts, sondern auch dem Ende eines Jahrtausends nähert. Ein Jahrtausend ist in anderen Sprachen ein Millenium (von lat. »mille anni« = »tausend Jahre«). Der Begriff Millenium hat aber im Englischen und Deutschen chiliastische und eschatologische Bedeutung, er bezeichnet nämlich das Tausendjährige Reich, das Reich Christi, das kein Ende nehmen wird. – Bedenken wir schließlich, daß Menschen gern zu der Zahl »tausend« greifen, wenn sie etwas unendlich Großes oder Langwährendes bezeichnen wollen. Ganz bewußt wurde von den Nationalsozialisten das Dritte Reich auch als Tausendjähriges Reich bezeichnet, womit die eschatologische Bedeutung gemeint war, daß es nie mehr enden werde.
Außerdem wissen wir aus der Geschichte, daß die Christenheit im Jahre 1000 nach Christus mit Sicherheit das Ende der Welt erwartete und daß angeblich sogar der Papst in Rom beim Anbruch dieses Jahres eine Messe zelebrierte, die den Übergang in die neue Existenzweise begleiten sollte. – Alle diese Überlegungen machen deutlich, daß das herannahende Ende eines Jahrtausends bei uns das Endzeitdenken verstärken und uns auch dadurch besonders hellhörig machen wird für Endzeit-Prophezeiungen anderer Kulturen.

d. Als vierter Punkt für die Begünstigung des Endzeitdenkens in unserer Zeit muß die Astrologie genannt werden. In ihr gibt es die Lehre von den Weltzeitaltern, und nach dieser Auffassung befindet sich die Welt in den letzten Jahrzehnten dieses Jahrhunderts und in den kommenden zwei Jahrhunderten im Übergang vom Weltzeitalter der Fische in das Weltzeitalter des Wassermannes. Nach astrologischer Berechnung dauert jedes dieser Weltzeitalter etwa 2100 Jahre und ist durch den Übergang des Frühlingspunktes von einem Sternbild in das andere markiert. Das Zeitalter des Widders begann danach etwa 2250 vor Christi Geburt, das der Fische etwa im Jahre 150 vor Christi Geburt. Es steht also jetzt ein neuer Wechsel an.
Nach dem Fische-Zeitalter, das besitzorientiert, differenzierend, imperialistisch, die Geschlechtsunterschiede klar herausstellend, dualistisch war, soll das neue Wassermann-Zeitalter gekennzeichnet sein durch

Menschenfreundlichkeit, Beweglichkeit, Unabhängigkeit, Originalität, geistige Kommunikation, Androgynität (= Verwischung der Geschlechtsunterschiede), Friedfertigkeit, Mitgefühl, durch eine ganzheitlich ökologische, feministische und spirituelle Einstellung. Bei dieser Charakterisierung ist es nicht verwunderlich, daß das oben genannte »New Age« und dieses Wassermann-Zeitalter von astrologisch interessierten Zeitgenossen häufig identifiziert werden (New Age = Age of Aquarius).
Die Berechnungen über den Beginn des Wassermann-Zeitalters schwanken unter Astrologen etwa zwischen den Jahren 1950 und 2200. Der Amerikaner José Arguilles, der sich sehr im Bereich der Esoterik und der Astrologie bewegt, hatte nach intensivem Studium der Steinkalender der Azteken und Mayas sogar ein genaues Datum für den Beginn des Übergangs in ein neues astrologisches Weltzeitalter errechnet: es war die Nacht vom 16. zum 17. August 1987. An vielen heiligen Orten der Welt (so auch an den Externsteinen bei Detmold) versammelten sich an diesen Tagen viele Menschen und durchwachten die Nacht mit Gebet, Meditation und Zeremonie, um am Morgen des 17. August die Sonne als Bringer eines neuen Weltzeitalters zu begrüßen.
Im Südwesten der USA gibt es viele alte indianische Stätten, an denen solche Versammlungen stattfanden. Zu ihnen gehörte auch der »Prophecy Rock«, also der Prophezeiungsfelsen auf der Hopi-Reservation. Es war eine kleinere Gruppe von 30 bis 50 Personen, die am Prophezeiungsfelsen ihre Opfergaben niederlegten, astrologische Bilder auf die Erde vor dem Prophezeiungsfelsen malten und beim Sonnenaufgang am 17. August mit erhobenen Händen in die gleiche Richtung schauten, in die dieser Fels seit Jahrtausenden schaut: nach Osten, der aufgehenden Sonne entgegen.
Auffallend war, daß die Hopi von der Anwesenheit dieser Menschen und von ihren Feiern am Prophezeiungsfelsen kaum Notiz nahmen. Zwar stand in einigen amerikanischen Zeitungen und Zeitschriften (so auch in »Aero Spirit« 1987, S. 1) zu lesen, daß sich die Errechnung dieses Datums nicht nur auf die Kalender der Azteken und der Mayas, sondern auch auf die Prophezeiung der Hopi-Indianer gründe. Von religiösen Führern der Hopi wurde dieses aber strikt in Abrede gestellt und ausdrücklich darauf hingewiesen, daß es in den Hopi-Prophezeiun-

gen keine Daten und keine Zahlen gebe. Ich wurde persönlich um eine entsprechende Erklärung und Veröffentlichung in Europa gebeten. Dennoch scheint es unbestritten, daß die Astrologie und ihre Lehren vom Beginn eines neuen Weltalters in unserer Zeit das Endzeitbewußtsein bei vielen Menschen intensiviert und damit auch die Offenheit für die Hopi-Prophezeiung vergrößert haben.

Es ist hier nicht der Ort, den Wahrheitsgehalt dieser astrologischen Auffassungen zu diskutieren. Wichtiger in unserem Zusammenhang ist, daß eine große Zahl von Menschen hierzulande und heutzutage aus solchen Überzeugungen heraus Endzeit- und Wendezeitvorstellungen entwickelt. Und wichtig wäre es vielleicht auch zu überlegen, welches Defizit sichtbar wird im Blühen astrologischer Auffassungen: welches Defizit im Verhältnis des Menschen zur Welt und zum Kosmos, das die auf Herrschaft des Menschen über den Kosmos abgestellte abendländische Geisteshaltung nicht hat füllen können.
Wie Menschen der Hopi nach einer Möglichkeit der Sicherung der *eigenen* Lebensform und der *eigenen* Wertordnung suchen, so suchen bei uns viele Menschen die Sicherung des eigenen Lebens auf dem Weg über eine *neue* Lebensform und eine *neue* Wertordnung. An diesem Punkt der Bedrängnis, der Angst und der Sorge um die Zukunft also, treffen sich viele Menschen unserer Kultur mit Menschen des Hopi-Volkes. Beide Bewegungen wenden sich gegen das Überhandnehmen abendländischer Denk- und Lebensformen, die letztlich als zerstörerisch erfahren werden: Besorgte Hopi, indem sie ihre tradierte Kultur vor diesem »Überhandnehmen« schützen möchten – besorgte Abendländer, indem sie (manchmal an Naturvölkern gewonnene) Alternativformen des Denkens und Lebens gegen ihren eigenen tradierten »way of life« entwickeln möchten.
Dabei gehört vor allem das Bewahren bzw. das Wiedergewinnen der bei uns verlorengegangenen Haltungen der Ehrfurcht, der Achtung und des Respekts nicht nur vor Gott und Mensch, sondern vor allen Wirklichkeiten der Schöpfung zu den wichtigsten Forderungen. Dazu mag dann eine Wieder-Heiligung, eine Wieder-Verzauberung, eine Re-Mythisierung und Re-Sakralisierung der Welt in unserem Kulturkreis gehören.

Wenn sich auch bei der Feier der »Harmonic Convergence« am »Prophecy Rock« im August 1987 kaum Hopi sehen ließen, auch weil sie gemeinsame Unternehmungen solcher Art wenig schätzen und Festlegungen auf bestimmte Tage und Jahre in ihren Prophezeiungen ohnehin nicht zu finden sind und von ihnen auch grundsätzlich abgelehnt werden, so ist doch eine Ähnlichkeit der Situation und eine Vergleichbarkeit der Anliegen bedrängter Hopi und bedrängter Abendländer nicht zu verkennen:

»Die Hopi-Prophezeiung ... bietet einen Ausweg aus unserem gegenwärtigen tragischen Dilemma. Vor langer, langer Zeit, als die Dritte Welt entartete, wurden Vorbereitungen getroffen für den Aufstieg der Menschen in eine neue Vierte Welt. Den Menschen wurde einfach gesagt, sie sollten das ›kopavi‹ auf ihrem Scheitel (die bei Neugeborenen weiche Stelle auf dem Kopf) offen halten. Durch diese offene Tür zum Schöpfer hin würden sie Leitung zu den Gestaden ihrer neuen Welt erhalten und dann auch Leitung hin zu ihrem Heimatland während ihrer vierfachen Landwanderungen.
So wurden sie geführt durch die Stimme ihres Schutzengels, durch Kachinas – helfende Geister, durch einen Stern, durch all die Stimmen, Gestalten, Symbole, durch welche die Intuition zu unserem Inneren selbst spricht.
Heute, so sagt die Hopi-Prophezeiung, ist die Menschheit bereit zu einem Aufstieg in eine neue Fünfte Welt. Wiederum müssen wir uns bemühen, die Tür offenzuhalten. Durch sie hindurch werden wir eine neue Stimme hören, einen neuen Stern sehen, dem wir folgen können« (*F. Waters* 1981, S. 72).

13 Das Denken in Weltzeitaltern in der abendländischen Geistesgeschichte

Das letzte Kapitel läßt schon erkennen, daß es auch eine abendländische Tradition des Denkens in Weltzeitaltern gibt. Die Anfänge dieser Denktradition kann man entweder in der griechischen Kultur, und da vor allem bei dem Historiker Hesiod, finden; oder, wenn man den biblischen Faden aufnimmt, entdeckt man sie am Beginn der Schöpfungsgeschichte des Alten Testamentes im Verlust des Paradieses. Und diese Traditionen reichen bis in unsere unmittelbare Gegenwart hinein. Sie reichen bis zu C. G. Jung und bis zu Fritjof Capra.

Beginnen wir mit dem antiken Denken in Weltzeitaltern: Bei Hesiod (um 700 v. Chr.) finden wir die erste Darstellung eines Mythos vom Goldenen Zeitalter, der dann von anderen Dichtern und Denkern der Antike wie Ovid, Vergil, Horaz, Catull, Tibull, Juvenal, Seneca, aufgenommen und weitergeführt wird. Dieser Mythos besagt, daß die Menschheit am Beginn ihrer Existenz gut und edel war und in goldenen, also paradiesischen Zuständen lebte. Langsam aber entarteten die Menschen und wurden von Geschlecht zu Geschlecht böser, bis sie in der Gegenwart des jeweiligen Schriftstellers schließlich auf den Tiefpunkt der Unmoral und Verworfenheit gekommen sind, wodurch dann zugleich die Not, das Elend und die Mühsal dieses Lebens erklärt werden. Nach der Lehre des Hesiod schufen die Götter zunächst ein goldenes Geschlecht, nach diesem ein silbernes und schließlich ein ehernes Geschlecht. Die absteigende Linie wird schon in diesen Benennungen wie auch in den sich wandelnden und verschlechternden Lebensbedingungen der einzelnen Geschlechter deutlich. Es handelt sich also bei Hesiod und seinen antiken Nachfolgern in der Gestaltung dieses Motivs um den Gedanken einer kontinuierlichen »Deszendenz«, d. h. eines Abstiegs von idealen zu immer schlechteren und härteren Lebensbedingungen.

Es gab im Altertum aber neben der vorherrschenden Überzeugung vom Abstieg auch eine grundlegende »Aszendenz«-Theorie: die Auffassung, daß sich die Menschheit nicht im Abstieg, sondern im Aufstieg

befinde und sich langsam von primitiven Anfängen zu stets höheren geistigen und kulturellen Stufen entwickelt habe und weiter entwickle. Diese Auffassung gibt es etwa bei dem römischen Dichter Lucrez. Der römische Dichter Ovid schließlich versucht, beide Theorien miteinander zu versöhnen. Auch er erkennt im Bereich des Zivilisatorischen und Kulturellen einen Fortschritt von der Urzeit bis zu seiner Gegenwart. Nach seiner Meinung hatte das Leben der Menschen früher dem Leben wilder Tiere geglichen, die Menschen sind roh und unfähig zur Kunst gewesen. (Prometheus, der den Menschen das Feuer bringt, ist gewissermaßen die antike Verkörperung des Denkens von Fortschritt und zivilisatorischem Aufstieg.) Gleichzeitig mit diesem Fortschritt im Zivilisatorischen sieht Ovid an anderer Stelle seiner Werke aber einen eindeutigen Abstieg und Verfall der Moral und der Sitte. Er erkennt also in der Menschheitsgeschichte zwei gegenläufige Prozesse, den Abstieg und den Aufstieg – die Deszendenz und die Aszendenz, wobei jede dieser Bewegungen auf ihren Geltungsbereich begrenzt ist.
In der späteren Antike gibt es eine besondere Anwendung der Theorie vom Aufstieg, indem einige Dichter den Herrscher und Kaiser ihrer Zeit als Wiederbegründer des Goldenen Zeitalters feiern. So versucht Vergil in seiner Aeneis, die gesamte römische Geschichte von Aeneas bis Augustus als den Weg zu einem neuen Goldenen Zeitalter zu deuten und den Kaiser Augustus als den Vollender dieses neuen Zeitalters darzustellen. Hierin drückt sich natürlich immer eine besondere Huldigung gegenüber dem regierenden Herrscher aus.
Vergleichen wir mit diesen antiken Auffassungen die Abfolge der Weltzeitalter in der Hopi-Mythologie, so sehen wir, daß auch dort – trotz der Erwartung eines apokalyptischen Endes dieser Welt – Aufstieg und Abstieg ineinander verwoben sind. Innerhalb eines jeden Zeitalters oder eines jeden Weltalters der Hopi-Mythologie findet jeweils eine Deszendenz statt, ein Abstieg, der sich vor allem im Moralischen manifestiert und der die erwartete Zerstörung und Läuterung dieser Welt notwendig macht. – Nun ist aber diese unsere Welt, die zur Zerstörung ansteht, nicht die erste, sondern schon die vierte der Welten, und alle früheren sind aufgrund ihrer Entartung einem apokalyptischen Ende anheimgefallen. Allerdings: Von einer Welt zur anderen hat jeweils so etwas wie ein Aufstieg stattgefunden, denn –

entsprechend der Hopi-Mythologie – war jede der folgenden Welten höher angesiedelt als die frühere, war freundlicher und dem Licht näher. Insofern kennt also auch die Hopi-Mythologie neben dem Abstieg innerhalb einer jeden Welt zugleich einen Aufstieg von einer Welt zur nächsten. – Außerdem erkennen die Hopi innerhalb einer jeden dieser Welten eine technische Entwicklung nach oben. Schon in der Dritten Welt hatten die Hopi unseren technischen Entwicklungsstand erreicht und waren sogar schon zum Mond geflogen! Doch diese Technisierung führte jeweils zu Wohlstand und dann zu religiösem und moralischem Verfall. Auch hier sind also Aufstieg und Abstieg gemischt.

Schauen wir auf die biblische Tradition im Abendland, so erkennen wir, daß schon im Alten Testament wenigstens zweimal von einem Ende der Welt die Rede ist: Die Vertreibung aus dem Garten Eden beeendet den paradiesischen Anfangszustand; und die Sintflut vernichtet die ganze (damalige) Welt durch Wasser und unterzieht sie einer Reinigung. Nur wenige Gerechte werden gerettet. Diese Vorstellung von der Sintflut entspricht durchaus dem Hopi-Mythos vom Ende der Dritten Welt: Auch da erfolgt die Zerstörung durch Wasserfluten, ihr Zweck ist die Reinigung einer verkommenen Welt, und in beiden Fällen gelingt es wenigen Auserwählten, die sich an die Anweisungen Gottes/des Großen Geistes gehalten haben, der Vernichtung zu entkommen und eine neue Welt zu begründen.

Im Neuen Testament ist – wir hörten es schon – immer wieder die Rede von den letzten Tagen, von der Not der Endzeit und von dem Übergang in ein neues Zeitalter, das mit der Ankunft des Menschensohnes »auf den Wolken des Himmels« beginnen wird. Eschatologisch formuliert es vor allem der Seher Johannes in der Apokalypse (= Geheime Offenbarung) 21,1: »Denn der erste Himmel und die erste Erde sind verschwunden . . .: Siehe, ich mache alles neu . . . Ich bin das A und das O, der Anfang und das Ende.«

Christliche Denker des Abendlandes haben dann ihre eigenen Mythen von Weltzeitaltern entwickelt. So unterscheidet der Heilige Augustinus (354–430) in »De Civitate Dei« (22,30,3) sechs Weltzeitalter, die von der Vertreibung aus dem Paradies im Alten Testament bis in seine (des Augustinus) Gegenwart reichen. Die Zahl 6 entwickelt Augustinus in

diesem Zusammenhang offensichtlich in Anlehnung an die sechs Tage, in denen Gott die Welt erschaffen hat. Für ihn repräsentieren die Weltalter eine Geschichte der Führung der Menschheit durch Gott, sind eine Geschichte des Heilsplanes Gottes. Sie orientieren sich deshalb an den Geschehnissen des Alten Testamentes (Sintflut; Abraham; David; Auswanderung nach Babylon; Geburt Christ). Seit Christi Geburt lebt die Menschheit im sechsten Zeitalter. Das siebte Zeitalter beginnt mit dem Ende dieser Welt. Danach wird es keine neuen Zeitalter mehr geben; denn so wie Gott am 7. Schöpfungstage ruhte, so wird auch die Menschheit im 7. Zeitalter auf ewig in Gott ruhen.
Hier wird ein Zeitverständnis sichtbar, das dem der Griechen wie auch dem der Hopi-Indianer zuwiderläuft. Während sich nach griechischem und indianischem Verständnis die Zeit in Kreisen bewegt und auf eine Zerstörung immer eine Neuschöpfung folgt, bewegt sich die Zeit im Verständnis des Augustinus eindeutig linear: Sie führt von einem fixierbaren Anfangspunkt, nämlich dem der Erschaffung der Welt, zu einem fixierbaren Endpunkt, nämlich dem der Rückkehr der Welt zu Gott. Der Unterschied zwischen zyklischem (oder zirkularem) Zeitverständnis auf der einen und linearem Zeitverständnis auf der anderen Seite wird hier deutlich. Es ist keine Frage, daß dieses lineare biblische Zeitverständnis für die gesamte geistige Entwicklung des Abendlandes und damit auch für die Entwicklung von Wissenschaft, Technik und Naturbeherrschung von zentraler Bedeutung war.
In der Bibel ist Gott selbst die entscheidende Macht. Alle irdische Wirklichkeit geht von ihm allein aus und führt zu ihm zurück. Insofern beschreibt diese Zeitvorstellung einen einzigen großen Kreis: von Gott her – zu Gott hin. Alle Entwicklungen auf dieser Zeitkurve erscheinen aber linear auf das eine letzte Ziel hin gerichtet. Dagegen sind für die Griechen wie für die Hopi-Indianer – und andere Naturvölker – die kosmischen Rhythmen und Zeitläufe selbst die Ursachen der Weltperioden, das heißt des periodischen Untergangs und der periodischen Erneuerung der Welt. Ihre Entwicklung verläuft darum in vielen Kreisen oder Spiralen. Denn in der kosmischen Erfahrung gibt es keine Linie, nur Kreise: Tag – Nacht – Tag . . .; Sommer – Winter – Sommer . . .; Entstehen – Vergehen – Entstehen . . .; etc.
Nach Augustinus ist im Mittelalter vor allem Joachim von Fiore

(1130–1202) zu nennen, der drei Weltalter unterscheidet: die Zeitalter des Vaters, des Sohnes und des Geistes. Das Zeitalter des Vaters entspricht der Zeit des Alten Testamentes. Das Zeitalter des Sohnes reicht von Christus bis zu Joachim. Das Zeitalter des Geistes dauert nun bis zum Ende dieser Welt. – Der deutsche Dichter Lessing hat diese Auffassung des Joachim von Fiore aufgegriffen und ausgedeutet.
Ein Denken in Weltzeitaltern und damit ein eschatologisches Konzept kommt auch in dem Begriff »Die Neue Welt« für Amerika zum Ausdruck. Für begeisterte Begründer der »Neuen Welt« bedeutete diese Benennung zugleich ein Ende der »Alten Welt«, wie Europa dann genannt wurde.
Daß aber diese »Alte Welt« ihre eigene Eschatologie entwickelt hat, zeigen u. a. Marxismus und Kommunismus. Danach ist mit dem erwarteten Hervorbringen der kommunistischen Gesellschaft die frühere Abfolge unterschiedlicher ökonomischer Epochen beendet und die »reife« Endzeit erreicht. – Daß gerade Rußland, auch unabhängig vom Marxismus, ein lebhaftes Endzeitdenken kennt, zeigen viele Erscheinungen der Gegenwart und der russischen Geschichte, nicht zuletzt der Mythos von Moskau als dem Dritten Rom. Er besagt, daß die geistige Bewegung des Abendlandes und ihr Machtzentrum von Rom über Byzanz nach Moskau wandert und hier im »Dritten Rom« erst ihre Reife und ihre Erfüllung findet.
Weiterhin seien – ohne jeden Anspruch auf Vollständigkeit – als abendländische Denker mit eschatologischer Neigung genannt: Robert Malthus, der schon vor 1800 im Bevölkerungswachstum die Ursache katastrophaler zukünftiger Kriege und Hungersnöte erkannte; Rudolf Steiner, der ein »Michaelisches Zeitalter« ankündigte; Oswald Spengler, der den »Untergang des Abendlandes« prophezeite; Arthur Koestler, der die »Geisteskrankheit« der menschlichen Spezies darin erkannte, daß sie nicht in der Lage sei, ihre eigenen Probleme zu lösen.
Mit diesen Namen nähern wir uns dem Endzeitdenken unserer Gegenwart, und mit dem Psychologen C. G. Jung erreichen wir zugleich die astrologische Dimension dieses Denkens. Auch Jung bekennt sich in seinem Spätwerk zu der Lehre von den Weltaltern und spricht vom Übergang in das Zeitalter des Wassermannes, dessen Beginn er in dieser oder den nächsten Generationen erwartet. Er ist der Auffassung,

daß wir bestimmten Wandlungen und Neuorientierungen unseres Bewußtseins entgegengehen, wie sie »jeweils am Ende eines platonischen Monats (d. i. eines Weltjahres von ca. 2100 Jahren) und zu Anfang des nachfolgenden auftreten . . .« (*C. G. Jung* 1958, S. 7–9).
In Übereinstimmung mit diesen Gedanken schreibt ein Anhänger des Denkens in astrologischen Weltaltern: »Eine neue, Jahrtausende als Einheit umfassende Geschichtsepoche ruht darum auf der Heraufkunft einer neuen Menschenart, eines gewandelten Bewußtseins und einer neuen Gesinnung« (*A. Rosenberg* o. J., S. 10).
Mit dem in der heutigen geistesgeschichtlichen Diskussion häufig gebrauchten und im letzten Kapitel näher erläuterten Begriff vom »New Age« haben wir einen eschatologischen Begriff unserer unmittelbaren Gegenwart. Er gehört direkt in den Zusammenhang der Abfolge von Weltzeitaltern, da er Zeitenende und Zeitenwende durch ein neues Bewußtsein, durch einen Paradigmenwechsel und einen Wertewandel bezeichnet. Denn die Anhänger des »New Age« wollen das bisherige mechanistische Weltbild ersetzen durch ein ökologisches, das dualistische Weltbild durch ein ganzheitliches, das materialistische Weltbild durch ein spirituelles. Der Begriff »New Age« beschreibt also eine gegenwärtig verbreitete Vorstellung vom Ende unserer Weltansicht (und damit vom Ende unserer Welt) und vom Beginn einer neuen Weltansicht (und damit vom Beginn einer neuen Welt). – Dostojewski scheint Ähnliches vorhergesehen zu haben, als er sagte: »Jetzt klopft jemand an die Tür . . . ein neuer Mensch mit einem neuen Wort.«
Auch der heute häufig gebrauchte Begriff »Postmoderne« gehört in diesen Zusammenhang. Er soll zum Ausdruck bringen, daß im geistig-künstlerischen Bereich heute das Zeitalter der Moderne mit seiner Betonung des Rationalen und Funktionalen zu Ende geht und einer neuen geistigen Grundstruktur Platz macht, eben der »Post-Moderne«, in der die Werte des Emotionalen, des Affektiven und des Ganzheitlichen mehr Platz haben. Auch dieser Begriff bezeichnet also – wie der Begriff »New Age« – einen Paradigmenwechsel des Denkens in unserer Gegenwart.
So reicht der Bogen einer abendländischen Tradition des Denkens in Weltzeitaltern von Mose und Hesiod über Augustinus und Joachim von Fiore bis zu C. G. Jung und zu den Begriffen der Postmoderne und des

»New Age« in unserer unmittelbaren Gegenwart. Wenn sich auch der abendländische Zeitbegriff eindeutig vom griechischen und vom indianischen unterscheidet, insofern er nicht zyklisch, sondern linear strukturiert ist, so hat doch dieser kurze (und notwendigerweise unvollständige) Überblick gezeigt, daß auch uns und unserer geistigen Tradition das Denken in Weltzeitaltern, also die Vorstellung vom Ende einer Welt und vom Beginn einer neuen Welt, keineswegs fremd ist.
Ganz im Gegenteil: Es scheint doch eher, daß es eine große Linie einer menschheitsgeschichtlichen Grunderfahrung gibt, einen Archetypus menschlichen Weltverständnisses, der besagt, daß sowohl der Kosmos als auch das menschliche Leben in ihm in periodischen Abständen einer Läuterung (Purifikation) unterzogen werden müssen. So werden das angesammelte Böse beseitigt und die Harmonie der Schöpfung an ihrem Beginn wiederhergestellt. Damit bedeutet Läuterung zugleich Entschlackung, Erneuerung und Wiedergeburt. Das heißt, zum Ende gehört auch immer wieder ein Anfang.
Dieses gilt mindestens in den Weltanschauungen, die eine zyklische Zeitvorstellung haben. Wo allerdings eine lineare Zeitvorstellung vorherrscht, wie in den auf der Bibel basierenden Weltanschauungen und Religionen, einschließlich dem marxistischen Kommunismus, da wird logischerweise der Anspruch erhoben, daß dem Ende der jetzigen Welt die endgültige Erlösung folgt und daß kein weiterer Weltzyklus stattfinden wird. (Dem entspricht in gewisser Weise die selten zu hörende Hopi-Auffassung, daß es nach dem Ende dieser Vierten Welt keine weitere Welt mehr geben wird.) Aber auch das biblische Denken und der Marxismus erkennen zumindest in der Vergangenheit zyklische Zeitbewegungen an: In der Bibel etwa die Vertreibung aus dem Paradies oder die Zerstörung der Welt durch die Sintflut und ihre Erneuerung danach; im Marxismus die Abfolge der unterschiedlichen gesellschaftlich-ökonomischen Weltzeiten.
Zum Abschluß dieses Kapitels sei auf den empfindsamen Dichter der Romantik, Freiherrn von Eichendorff (1788–1857), hingewiesen, der in seinem Roman »Ahnung und Gegenwart« ein Ende und einen Neubeginn unserer Welt voraussieht und dabei unsere Gegenwart vorausahnt:

»Gespenster wandeln wieder durch unsere Nächte, fabelhafte Sirenen selber tauchen, wie vor nahen Gewittern, von neuem über dem Meeresspiegel und singen, alles weist wie mit blutigem Finger warnend auf ein großes unvermeidliches Unglück hin... Denn aus dem Zauberrausche unserer Bildung wird sich ein Kriegsgespenst gestalten, geharnischt, mit bleichem Totengesicht und blutigen Haaren;...
Verloren ist, wen die Zeit unvorbereitet und unbewaffnet trifft; ...aus ihren Fugen wird sie (die Welt) noch einmal kommen, einen unerhörten Kampf zwischen Altem und Neuem beginnen, ...flammender Wahnsinn wird sich mit Brandfackeln in die Verwirrung stürzen, als wäre die Hölle losgelassen ... bis endlich die neue und doch ewig alte Sonne durch die Greuel bricht ... die weiße Taube kommt durch die blaue Luft geflogen, und die Erde hebt sich verweint, wie eine befreite Schöne in neuer Glorie empor...« (*A. Rosenberg* o. J., S. 232).

14 *Prophezeiungen in Naturreligionen – und in Weltreligionen*

Oben wurde darauf hingewiesen, daß sich Prophezeiungen eines Weltendes in den meisten Religionen der Welt, vielleicht in allen, finden. Es scheint da aber einen Unterschied zwischen den sogenannten Weltreligionen auf der einen und den sogenannten Naturreligionen auf der anderen Seite zu geben.

Naturreligionen sind – der Name sagt es – wesentlich stärker auf die Natur hin orientiert, auch auf das konkrete Land hin, das ihre Anhänger bewohnen. Wohl alle Naturreligionen sehen die Erscheinungen der Natur, vom Menschen bis zum Stein und zum Gestirn, als von göttlichem Geist durchwirkt an: Alles im Kosmos ist beseelt, alles ist spirituell, alles stellt eine Verkörperung göttlicher Energien dar.

Darum ist es für Menschen, die eine solche Sicht vom Kosmos haben, undenkbar, die Natur als einen Rohstoff zu betrachten, der dem Menschen für seine Weltgestaltung frei zur Verfügung steht. Nach ihrer Auffassung ist der Mensch vielmehr selbst Teil der Natur, nicht ihr »Gegen-Teil« und Herr, ist aber als ihr Teil in besonderem Maße verantwortlich für ihre Bewahrung und Erhaltung. Denn nur er kann ihr vom Großen Geheimnis und den Geistwesen geschaffenes und getragenes Gleichgewicht stören – und auch nur er kann es wiederherstellen. Eine solche Störung und Gefährdung der naturgegebenen Balance im Kosmos durch den Menschen ist aber, wenn sie globale Ausmaße annimmt wie in unserer Gegenwart, in der Sicht dieser Menschen selbstzerstörerischer Wahnsinn.

Aus diesen kosmologischen Grundüberzeugungen der verschiedenen sogenannten Naturreligionen ergeben sich eindeutige Strukturen ihrer religiösen Prophezeiungen. Der vorausgesagte Untergang der Welt wird nicht nur – wie in den Weltreligionen – an die Zerstörung ihrer Sprache, ihrer Kultur, ihrer Gesellschaft, ihrer Religion gebunden, sondern meistens expressis verbis auch an die Zerstörung der Natur, des kosmischen Gleichgewichts, und an die Zerstörung dieses oben skizzierten Naturverständnisses und Naturverhältnisses unter den Menschen. Das läßt sich auch in manchen Interpretationen der Hopi-Prophezeiung nachlesen.

Andere Naturvölker haben ähnliche Grundüberzeugungen wie die Hopi: So sprechen die australischen Aborigines von ihrer Vergangenheit als von der »Traumzeit«, in der die Verbindung zwischen Mensch und Natur noch eng und intakt war. In dem Einfluß der Kultur der Weißen auf ihr eigenes Leben erkennen sie eine zunehmende Trennung und Lösung dieser engen Verbindung; und ihre Prophezeiungen besagen: Wenn die letzten von ihnen das ihnen heilige Land verlassen müssen und wenn die Minengesellschaften es aufreißen, dann zerreißt endgültig die Verbindung zwischen ihnen und der »Traumzeit«. Dann werden auch sie zu wurzellosen Fremden auf dieser Erde, und sie werden nicht mehr in der Lage sein, das Gleichgewicht der Natur zu schützen oder wiederherzustellen. Wenn das aber geschehe, dann werde die Natur ins Chaos stürzen.

Ähnliche Auffassungen finden sich bei anderen Naturvölkern. So sagte eine Frau der Lappen (oder Samen) 1987 mit Bezug auf die Existenzgefährdung ihrer Kultur durch das Unglück von Tschernobyl: »Wenn das Rentier und wir Samen nicht überleben, dann kommt auch das Ende der Welt.« – Die Cheyenne-Indianer sehen in der heutigen Naturzerstörung ein Zeichen des sich beschleunigenden Weltuntergangs. – Die Lakandonen, Nachfahren der Mayas in Zentralamerika, prophezeien, daß die Welt untergehen wird, wenn der letzte Mahagonibaum in der Selva Lakandona gefällt sein wird.

Die Ojibway-Indianer haben eine Prophezeiung, daß seltsame Leute mit weißer Haut kommen werden und daß zu dieser Zeit das Leben der Ojibway sehr schwer und gefährlich sein werde. Das sollte im 6. Zeitalter sein und ist so geschehen. Jetzt leben wir im 7. Feuer. Wenn die Weißen kommen und Kriege bringen, könnte die ganze Welt vernichtet werden. Das wäre dann das 8. Feuer. Die Ojibway empfinden es deshalb als ihre Aufgabe, aufzupassen, daß das nicht geschieht.

Die berühmte »Ghost-Dance-Religion« (Geistertanz-Religion) mehrerer indianischer Stämme im Westen der USA, die im Jahre 1890 bei Wounded Knee eine katastrophale Vernichtung erfuhr, basierte ebenfalls auf einer Prophezeiung: Der Prophet Wovoka hatte geweissagt, wenn Indianer diesen Tanz unentwegt pflegten, werde das ganze Land

wieder grün werden, die Büffel würden zurückkehren, die weißen Eindringlinge würden verschwinden und Indianer könnten wieder ihre tradierte Lebensform pflegen.
An dieser Stelle sei auch auf den Endzeitmythos der Oglala-Sioux-Indianer hingewiesen, der sich im Eingang dieses Buches findet.

Schließlich soll eine eschatologische Vision der Maya-Indianer genannt werden:

Eßt, eßt, solange es Brot gibt;
Trinkt, trinkt, solange es Wasser gibt;
Ein Tag wird kommen,
an dem Staub die Luft verdunkeln wird,
an dem ein Pesthauch das Land verdorren lassen wird,
an dem sich eine Wolke erheben wird,
an dem ein Berg emporgehoben wird,
an dem ein starker Mann sich der Stadt bemächtigen wird,
an dem alle Dinge in Schutt und Asche fallen werden,
an dem das zarte Blatt vernichtet wird,
an dem Augen sich im Tode schließen werden.
(*Spinden/Marriott* 1976, S. 62)

Freundlicher war die Endzeitvision des berühmten Führers der Teton-Sioux, Crazy Horse:

»Er sah, wie sein Volk in spirituelle Dunkelheit und in Armut getrieben wurde, während die Weißen um sie herum in ihrer materialistischen Lebensform gediehen. Aber er sah, daß selbst in den dunkelsten Stunden die Augen einiger Menschen seines Stammes das Licht der Morgendämmerung und die Weisheit der Erde bewahrten und diese an einige ihrer Enkelkinder weitergaben. Er sah das Kommen von Autos und Flugzeugen und zweimal sah er die große Dunkelheit und hörte die Schreie und die Explosionen, als Millionen von Menschen in zwei großen Weltkriegen starben.
Doch nach dem zweiten großen Krieg sah er eine Zeit, in der sein Volk erwachte – nicht alle auf einmal, sondern ein paar hier und dort und dann mehr und mehr. Und er sah, daß sie tanzten, im Licht der geistigen Welt unter dem heiligen Baum, obwohl sie noch auf der Erde waren. Dann war er erstaunt zu sehen, daß unter dem Baum Vertreter aller Rassen tanzten, die Brüder geworden waren. Und er erkannte, daß die Welt neu gemacht werden würde, daß Frieden und Harmonie auf ihr herrschen würden – geschaffen nicht nur durch sein Volk, sondern durch die Mitglieder aller Rassen der Menschheit« (*V. Brown* 1974, S. 166f.).

Im Zentrum dieser Prophezeiung steht nicht mehr die Apokalypse, sondern eine beglückende neue Welt, die den Frieden unter den Völkern bringt.
Bei der großen Zahl indianischer und anderer Prophezeiungen von Naturvölkern ist es doch eine beeindruckende Tatsache, daß bei Indianern wie bei Weißen heutzutage keine andere Prophezeiung auch nur annähernd so bekannt ist und eine ähnliche Autorität genießt wie die der Hopi.
Die genannten Beispiele, die durch Untergangsprophezeiungen afrikanischer Völker ergänzt werden könnten, zeigen, daß bei Stammeskulturen mit dem prophezeiten Untergang der Welt in der Regel der Untergang ihrer natürlichen Umwelt, ihrer Stammeskultur und vielleicht ihrer Stammesexistenz gemeint ist. Diese Stammeskultur und die zu ihr gehörige Stammesreligion sind traditionell die Welt dieser Stammesangehörigen, und diese Welt ist ja tatsächlich immer wieder durch verschiedenste Einflüsse in ihrer Existenz gefährdet – wegen der allgemeinen Ausbreitung der europäischen/nordamerikanischen Kultur heute wahrscheinlich mehr als früher.
Prophezeiungen in den großen sogenannten Weltreligionen dagegen schenken der konkreten Natur, der tatsächlichen Umwelt der Menschen meistens wenig Beachtung. Von biblischen Prophezeiungen wissen wir, daß zwar die Erschütterung der kosmischen Kräfte ein Zeichen der beginnenden Umgestaltung ist, daß aber die konkrete Landbasis (abgesehen von der Verknüpfung von Heil und Land im Judentum) oder die Hauptnahrungsquelle der Menschen darin kaum eine Rolle spielt. – In der indischen Literatur gibt es den recht abstrakten Mythos von den vier Juga, ständig sich zum Schlechteren hin entwickelnden Zeitaltern, die im regelmäßigen Kreislauf immer wiederkehren. – Aus dem Buddhismus wird 1929 eine Prophezeiung überliefert, die von einer Apokalypse und der Ankunft eines Retters spricht, der eine neue glorreiche Zeit begründet (*Willoya/Brown* o. J., S. 40f.). Auch darin spielt das konkrete Land keine Rolle. Dagegen wird der Anspruch auf eine globale Vereinigung der Welt unter dem neuen Retter verkündet.
Stammesreligionen wiederum erheben nach ihrem eigenen Selbstverständnis in aller Regel keinen globalen Anspruch. Sie missionieren deshalb auch nicht und versuchen nicht, andere Völker von der Wahr-

heit ihrer eigenen Weltanschauung zu überzeugen. Ihre Welterfahrung und ihre mythische Weltdeutung gelten zunächst einmal für sie, für die Mitglieder dieses Volkes in dieser geographischen, klimatischen und historischen Situation. Es gab sogar noch 1987 einzelne Hopi, die betonten, daß die Hopi-Religion nur für reinblütige und vollgültige Mitglieder des Hopi-Stammes gelte.

Unter diesen Verzicht auf globale Ansprüche fallen dann prinzipiell auch die Prophezeiungen bei Naturvölkern, die ja – wie wir bei den Hopi-Indianern gesehen haben – Teil ihrer Mythologie sind. So ist wohl auch die Hopi-Prophezeiung zunächst einmal eine nur dieses Volk betreffende Deutung von Welt und Zeit und Zukunft gewesen. Bei meinen Interviews auf der Hopi-Reservation im Sommer 1987 waren viele Interview-Partner unsicher, ob ihre Prophezeiungen auch für andere Völker und damit auch für die weiße Rasse und letztlich für die ganze Welt Gültigkeit haben könnten. Darum taten einige Hopi sehr geheimnisvoll und waren sehr zurückhaltend in ihren Aussagen über die Prophezeiung.

Das, was aber 1947 und 1948 aufgrund der Erfahrungen des Zweiten Weltkrieges in den unterirdischen Zeremonialkammern des Dorfes Shungopovi auf der Hopi-Reservation geschah (vgl. Kap. 1), war anscheinend eben diese Umwandlung einer Stammesmythologie zu einem globalen Mythos: Man deutete die eigene Prophezeiung als eine Weisung, die die ganze Welt betrifft. Dabei mögen der globale Charakter des Zweiten Weltkrieges und die weltumspannenden Wirksamkeiten und Einflüsse der technischen Entwicklungen, vor allem der Atombombe, wirksam gewesen sein. Jedenfalls datiert aus diesen Jahren – wie wir oben gesehen haben – das globale Verständnis der Hopi-Prophezeiung und damit auch die Bereitschaft und die Aufforderung zu einer universalen Verkündigung dieser bis dahin mehr oder weniger geheimgehaltenen esoterischen Weisheitslehren. D. h.: Der globale Anspruch, den die europäische Kultur und die christlichen Kirchen ja stets vertreten und oft genug in imperialistischer Weise praktiziert haben, wird zunehmend auch von Indianerstämmen und anderen Naturvölkern übernommen.

Die Zuni-Pueblo-Indianer sind Nachfahren und auch Verwandte der Hopi-Indianer. Wie die Hopi unterscheiden sie streng zwischen men-

schengemachten Dingen und natur- oder gottgemachten Dingen. Eine ihrer Prophezeiungen lautet: »Am Ende werden sich alle menschengemachten Dinge gegen uns erheben, und ein heißer Regen wird auf uns herniederfallen.«
Man kann das auch so sagen: Die Beschreibung der Schöpfung zu Beginn des Alten Testamentes könnte zugleich als eine Prophezeiung zukünftiger Entwicklung gedeutet werden. Das heißt: Das Ende könnte sein wie der Anfang. Vom Anfang aber heißt es dort: »Die Erde war aber wüst und öde, und Finsternis lag auf der Urflut« (Genesis 2,2).

Nachwort
Hopi-Kritik an der Publizierung der Hopi-Prophezeiungen

Aus Gründen der Redlichkeit muß darauf hingewiesen werden, daß sich heute eine bemerkenswerte Zahl der Hopi deutlich gegen Mitglieder ihres Stammes ausspricht, welche die Hopi-Prophezeiungen durch ihre Publikationen und Vorträge in der ganzen Welt bekanntgemacht haben. Dabei wird fast nie der Inhalt der publizierten Prophezeiungen in Frage gestellt, sondern es werden vor allem folgende Vorwürfe erhoben:

1. Diese Menschen, vor allem der hierzulande am meisten bekanntgewordene T. B., trügen Dinge in die Welt hinaus, die nur den Hopi zuständen und die teilweise sogar zum Geheimwissen der Hopi-Bünde gehörten. Die klare Feststellung eines Mitgliedes der Stammesverwaltung mir gegenüber war: »Die Lehren der Prophezeiung sind für das Volk der Hopi, nicht für andere Menschen. Die Weißen werden die kommende Reinigung ohnehin nicht überleben.« – Eine Hopi-Frau warnte mich zu Beginn meiner Befragungen auf der Reservation: Ich würde niemanden finden, der bereit sei, über die Prophezeiung zu sprechen. (Glücklicherweise behielt sie nicht recht.)
Hierzu ist zunächst einmal zu wiederholen (vgl. Kap. 14): Es ist richtig, daß Religionen von Naturvölkern keinen globalen Anspruch erheben und daß ihnen darum auch jede Form einer weltweiten Verkündigung (Missionierung) fernliegt. »Wir gehen nicht hinaus, um die Welt zur Wahrheit der Hopi zu bekehren.« Und: »Jede Art von Bekehrung entspricht nicht der Art der Hopi«, sagte der Hopi E. S. in Tucson. »Wir gehen nicht umher und predigen. Das ist nicht unsere Art und Weise.« So drückte es der Hopi A. D. von First Mesa aus.
Andererseits steht dagegen die Aussage der »Verkünder«, daß religiöse Führer des Stammes wenige Jahre nach dem Zweiten Weltkrieg diese Publizierung des bis dahin geheimen Wissens beschlossen und sie

sogar empfohlen haben, weil sie der Ansicht waren, daß auf diese Weise die Welt vielleicht vor einer drohenden Apokalypse gerettet und die anstehende Purifikation vermieden werden könnte. So sagte der religiöse Führer D. M. in einem Interview am 8. Mai 1963: »Es ist unsere heilige Pflicht, alle Menschen von den Dingen zu informieren, die vor ihnen geheimgehalten worden sind.« (Man vergleiche damit den folgenden Satz aus der Geheimen Offenbarung des Johannes 22,10: »Versiegle nicht die Worte der Weissagung dieses Buches! Denn die Zeit ist nahe.«) –
Bis zum heutigen Tage legitimieren T. B. und andere ihre Publikationstätigkeit immer wieder mit dem Hinweis auf diese Entscheidung religiöser Führer und Dorfältester in den Jahren 1947 und 1948 (vgl. Kap. 1).

2. Es wird gesagt, die traditionelle Lebensform der Hopi-Indianer ist gekennzeichnet durch Bescheidenheit, Demut, eine schlichte Lebensführung, Fleiß bei der Pflege des Landes und sorgfältige Beachtung der religiösen Zeremonien. Es ist nicht die Art der Hopi, sich als Prediger vor der Welt zu profilieren. »Hopi bedeutet immer Einfachheit. Sei kein Angeber; versuche nicht, Dinge besser zu tun als ein anderer; sei einfach bescheiden. Selbstzufriedenheit kommt durch Bescheidenheit« (Hopi Mental Health Conference 1982, S. 58).
Alle diese Feststellungen entsprechen sicherlich der traditionellen Wertordnung des »Hopi Way of Life«.

3. Heftig wird der Vorwurf erhoben, daß diejenigen, die die Prophezeiung in die Welt tragen, für ihre Vorträge und Publikationen Geld nähmen. Sie vermarkteten damit gewissermaßen das religiöse Wissen des Hopi-Volkes und verdienten dadurch ihren Lebensunterhalt. Das aber entspreche nicht der Hopi-Tradition. Und wenn schon auf diese Weise Geld einkomme: Wie die Religion dem ganzen Hopi-Volk gehöre, so gehöre dann auch dieses erworbene Geld dem ganzen Volke. Es sei aber nicht dem Volke zugute gekommen.
In diesem Argument mag Neid mitspielen, doch haben sich tatsächlich Kiva-Bünde in einigen Dörfern von dem wichtigsten Multiplikator der Prophezeiung distanziert und die religiöse und soziale Bindung gelöst.

Und selbst innerhalb der öffentlichkeitswilligen traditionellen Führer haben sich Zwistigkeiten ergeben, so daß die einzelnen Personen nun relativ isoliert stehen.

4. Es wird von Menschen des Hopi-Volkes gesagt, die Verkünder der Prophezeiung in der Welt draußen benutzten diesen Aspekt der Hopi-Religion, um in der ganzen Welt öffentliche Aufmerksamkeit zu gewinnen und so ihre (traditionalistischen) politischen Ziele zu fördern. Es gehe bei diesen Veröffentlichungen also mehr um Politik als um Religion. Diese werde für (konservative) politische Ziele mißbraucht.

Tatsächlich kann man feststellen, daß die öffentlichen Verkünder der Prophezeiung – ihre Zahl läßt sich fast an einer Hand abzählen – durchgehend mehr dem traditionellen oder konservativen Lager zuneigen. Sie sind also gegen umfangreiche Zusammenarbeit mit der Indianerverwaltung der Weißen, gegen die Einführung technischer Errungenschaften der europäisch-amerikanischen Zivilisation (obwohl sie natürlich selbst Autos und Flugzeuge benutzen) und gegen die Vergabe von Schürfrechten an »weiße« Bergbaugesellschaften wie etwa Peabody Coal Company auf der Black Mesa, dem Grenzgebiet zwischen der Hopi- und der Navajo-Reservation. Diese sogenannten »Traditionalisten«, Nachfahren der »Hostiles« von 1906, verstehen sich als Bewahrer des heiligen Landes der Hopi, das nicht durch Tagebergbau und Ähnliches verschandelt werden dürfe. Sie sehen sich also als Bewahrer der überlieferten Tugenden des »Hopi Way of Life«.

Daß sie für diese ihre Ziele auch die Lehren der religiösen Überlieferung und damit auch die Prophezeiung einsetzen, ist sicher nicht zu bestreiten, aber auch kaum verwunderlich. Aktuelle politische Probleme haben immer in die jeweilige Interpretation der Hopi-Mythologie, einschließlich ihrer Prophezeiung, hineingespielt. Bei politischen Auseinandersetzungen haben die verschiedenen Seiten meistens eine Legitimation ihrer Auffassung in der Prophezeiung gesucht – und gefunden. Außerdem haben die Traditionalisten ganz offensichtlich in den vierziger Jahren dieses Jahrhunderts die Prophezeiung als die Grundlage einer erstarkenden traditionalistischen Bewegung erkoren.

In einer der Theokratie verwandten Gesellschaft wie der der Hopi hat es nie die strenge Trennung zwischen weltlichen und überweltlichen, zwischen politischen und religiösen Belangen gegeben, wie wir sie mindestens seit der Aufklärung kennen.
Und auch die sogenannten »Fortschrittlichen« unter den Hopi berufen sich – wie wir gesehen haben und wie es überhaupt Sitte ist in der Gesellschaft der Hopi – für ihre Ansichten und ihre Entscheidungen auf die religiösen Überlieferungen und auf die Prophezeiung. So kann die seltsame Situation entstehen, daß ein Vorsitzender der Stammesverwaltung sich auf die Hopi-Prophezeiung beruft, um seine Entscheidung *für* den Kohleabbau zu rechtfertigen, während traditionelle Führer, darunter auch die Verkünder der Prophezeiung, sich auf diese gleichen Weisungen berufen, um ihre Entscheidung *gegen* den Kohleabbau zu begründen. – Wir kennen ja ähnliche Dinge aus der Religionsgeschichte in unserem Lande.

5. Es wird geltend gemacht, daß die lautesten Verkünder der Hopi-Prophezeiung keine religiösen Führer und auch nicht in Erwachsenenbünden initiiert seien. Sie könnten deshalb jedenfalls von der Hopi-Mythologie und der Hopi-Prophezeiung nur auf dem Umweg über andere Initiierte wissen. Es fehle ihnen als Nicht-Initiierten deshalb die inhaltliche Legitimation für ihre Verkündigung.
Dazu ist zu sagen, daß T. B. tatsächlich nicht initiiert ist – außer in die Kachina-Society, in die praktisch alle jungen Hopi initiiert werden/wurden. Der Grund hierfür liegt in seinen Beziehungen zu christlichen Konfessionen während seiner Kindheit und in seinem Werdegang während des Zweiten Weltkrieges. – Aber andere Hopi-Persönlichkeiten, die sich zur Mythologie und zur Prophetie des Stammes geäußert haben, sind/waren initiiert, so die inzwischen verstorbenen Dan Katchongva, wahrscheinlich der zentrale »Prophet« dieses Jahrhunderts, und Andrew Hermequaftewa. Das gleiche gilt für den uralten David Monongye, für James Kootshongsie und andere. Zum Teil haben oder hatten diese Persönlichkeiten auch religiöse Führungsaufgaben.

6. Wenn auch der Inhalt der publizierten Prophezeiung eigentlich nicht in Frage gestellt wird, so wird doch gelegentlich geäußert, einzelne

Klane oder religiöse Bünde besäßen Prophezeiungen, die noch völlig geheim seien und nie Außenstehenden mitgeteilt worden seien, nicht einmal den Hopi anderer Klane und Bünde. Vor allem werden die Träger der sehr wichtigen religiösen Zeremonie Wuwuchim in diesem Zusammenhang genannt. Danach wären alle die irgendwie und irgendwo publizierten Prophezeiungen – die auch Inhalt und Gegenstand dieses Buches sind – nur ein (kleiner oder größerer?) Teil der tatsächlich existierenden Geheimlehren.
Dieses könnte sich so verhalten. Man kann das dann natürlich weder beweisen noch widerlegen, da es ja sonst nicht mehr geheim wäre. – Allerdings: Ich neige zu der Annahme, daß es über die publizierten Prophezeiungsinhalte hinaus keine umfangreichen, gewichtigen anderen Prophetien gibt. Nicht einmal bei der Wuwuchim-Zeremonie scheint mir solches zu bestehen. Ein Grund dafür ist: Die Wuwuchim-Zeremonie wird in Hotevilla von dem Spider-Clan »verwaltet«. Der religiöse Führer D. M. ist Mitglied dieses Spider-Clan und hat auch – nach eigener Aussage – an der Wuwuchim-Zeremonie teilgenommen. Er wird mit seinen 100 Jahren auf der Reservation gelegentlich »keeper of the prophecies« genannt. Zugleich hat er sich immer selbst für die Publizierung der Prophezeiungen eingesetzt, und er hat auch früher T. B. und andere bei ihrer Publizierung bestätigt und unterstützt. Bei seiner positiven Einstellung zur Publizierung ist kaum zu erwarten, daß er zugleich wesentliche Teile der ihm bekannten Prophetien zurückgehalten hat. – Ähnliches wird man von anderen initiierten religiösen Führern sagen können, die sich vehement für die Publizierung eingesetzt haben. Ich neige deshalb zu der Auffassung, daß es kein größeres, bisher nicht in die Öffentlichkeit gedrungenes Corpus von Hopi-Prophezeiungen gibt.

In dieser Auseinandersetzung finden zwei einander entgegenstehende Positionen innerhalb des Hopi-Stammes (und auch innerhalb anderer Indianervölker und anderer Naturvölker) ihren Niederschlag:
Auf der einen Seite das traditionelle Geheimhalten religiöser Überzeugungen und esoterischer Stammesweisheit, die stets als exklusiv für eine bestimmte Gruppe von Menschen (Stamm, Klan, Dorf, Bund) verstanden wurden und denen deshalb jeder missionarische Impetus

völlig fremd war. – Auf der anderen Seite die Bereitschaft zur globalen Öffnung traditioneller Geheimlehren, um angesichts erwarteter drohender globaler Vernichtung Orientierungshilfe und mögliche Rettung anzubieten.
Nach den Worten des Hopi Danaqyumptewa (*D. Katchongva* 1984, S. 29 u. 32) sieht diese Orientierungshilfe so aus – und dabei verbindet er die ökologische Problematik mit der Hopi-Prophezeiung:

»Die Botschaft ist nicht für ein bestimmtes Volk oder eine bestimmte Person gedacht. Was ich meine, ist: Aufrichtige Menschen überall in der Welt werden sie hören und verstehen, und sie werden einig sein in dem Willen, unsere Mutter Erde zu retten und den Weisungen des Schöpfers wieder zu folgen. Wenn aber niemand hört noch versteht, dann ist die Erde zum Tode verurteilt ... Das letzte Wort, das der Schöpfer, der Große Geist, sagen wird, ist dies:
... Ihr habt alle meine Anweisungen und Richtlinien mißachtet, die ich euch gab ... Ich nehme jetzt meine Erde zurück. Ich war der Erste, nun werde ich der Letzte sein!«

Literaturverzeichnis

Bender, Hans 1983: Zukunftsvisionen, Kriegsprophezeiungen, Sterbeerlebnisse; München.
Bentley, W./Carpenter, C. 1957: Hopi Meeting of Religious People; Hotevilla, Arizona, USA.
Bloom, Allan 1988: Nietzsche in America; in: Dialogue 2/1988, S. 16–23.
Boyd, Doug 1974: Rolling Thunder; New York, A Delta Book.
Brinkerhoff, Zula C. 1971: God's Chosen People of America; Salt Lake City.
Brown, Vinson 1974: Voices of Earth and Sky; Harrisburg, Pennsylvania, USA.
Buschenreiter, Alexander 1983: Unser Ende ist euer Untergang; Düsseldorf und Wien; München (1987).
Capra, Fritjof 1987: Das neue Denken; Bern/München/Wien.
Ders. 1982: Wendezeit; Bern.
Clemmer, Richard O. 1978: Continuities of Hopi Culture Change; Ramona/California, USA.
Ders. o. J.: Koqaanisqatsi – A Guide; Manuskript.
Ders. o. J.: The Rise of the Traditionalists and the »New Politics«; Manuskript.
v. Ditfurth, Hoimar 1985: So laßt uns denn ein Apfelbäumchen pflanzen; Hamburg/Zürich.
Doempke, Stefan 1982: Tod unter dem kurzen Regenbogen; München.
Dumann, Volker 1987: Der tiefe Fall der Hochreligionen; Vortrag im NDR III am 22. 11. 87.
Eliade, Mircea 1953: Der Mythos der ewigen Wiederkehr; Jena.
Eliade, Mircea 1957: Das Heilige und das Profane; Hamburg, Rowohlts Deutsche Enzyklopädie.
Esotera 2/88.
Geertz, Armin 1987: Prophets and Fools; in: European Review of Native American Studies 1 : 1.
Die Hopi 1984: Informationsdienst Indianer heute, Nr. 3; Berlin.
Hopi-Hearings 1955: BIA Phoenix Area Office, Hopi Agency, July 15–30.
Hopi Mental Health Conference Reports 1981/1982/1983/1984; Kykotsmovi, Arizona, USA.
Hopi-Prophecy 1988: Japanischer Dokumentarfilm.
Jung, Carl Gustav 1958: Ein moderner Mythos; Zürich.

Kaiser, Rudolf und *Michaela* 1984/1986: Diese Erde ist uns heilig – Die Rede des Indianerhäuptlings Seattle, Legende und Wirklichkeit; Münster, Lazarettstr. 13, Edition Iris Blaschzok.

Dies. 1984: Sonnenfänger – Indianische Texte; Münster.

Kaiser, Rudolf 1985: Gesang des Regenbogens – Indianische Gebete; Münster.

Ders. 1986: This Land is Sacred – Views and Values of North American Indians; Arbeitsmittel für die Sekundarstufe II, Englisch; Hannover.

Ders. 1987: Dies sind meine Worte – Indianische Häuptlingsreden; Münster.

Ders. 1987: Field Notes.

Katchongva, Dan 1977: From the Beginning of Life to the Day of Purification; Los Angeles. – Eine deutsche Übersetzung dieses wichtigen Textes ist u. a. in der Schweiz erschienen:

Ders. 1984: Hopi – eine indianische Botschaft; CH-4303 Kaiseraugst; Agna Incomindios.

Nabokov, Peter 1978: Native American Testimony; New York, Harper Colophon Books.

Polyngaisi (Elizabeth White) 1964: No Turning Back; Albuquerque.

Powers, William K. 1977: Oglala Religion; Lincoln/Nebraska, und London.

Rahner, Karl 1958: Visionen und Prophezeiungen; Freiburg/Br.

Remmers, Werner 1987: CDU-Programmatik in der säkularisierten Wohlstandsgesellschaft; in: Sonde 3/4, Oktober 1987.

Rohr, Daniel C. 1985: Alles, was ich habe, ist mein Pflanzstock und mein Mais; CH-4303 Kaiseraugst, Agna Incomindios.

Rosenberg, Alfons o. J.: Durchbruch zur Zukunft; Bietigheim/Württemberg.

Sekaquaptewa, Helen 1969: Me and Mine; Tucson, Arizona, USA.

Smith, Martin Cruz 1982: Flügel der Nacht; Frankfurt/Berlin/Wien.

Spinden, H. J./Marriott, A. 1933/1976: Songs of the Tewa; Santa Fe, New Mexico, USA; The Sun Stone Press.

Steiner, Stan 1976: The Vanishing White Man; New York, Harper Colophon Books; in deutscher Übersetzung erschienen unter dem Titel: Der Untergang des Weißen Mannes (München 1981 und Reinbek 1985).

Tarbet, Tom 1981: The Essence of Hopi Prophecy; Santa Fe.

Titiev, Mischa 1944/1974: A Study of Hopi Indians of Third Mesa; Cambridge/Mass. und New York.

Waters, Frank 1963: Book of the Hopi; New York. – In deutscher Übersetzung erschienen 1980 unter dem Titel: Das Buch der Hopi; Köln.

Ders. 1969/1981: Pumpkin Seed Point; Athens/Ohio und Chicago, USA.

Ders. 1977: The Hopi Prophecy and the Chinese Dream; in: East-West, May 1977.

Werner, Jürgen 1986: Die Welt der edlen Wilden; FAZ-Magazin, Heft 311, S. 34–45.

Willoya, William/Brown, Vinson o. J.: Warriors of the Rainbow; Healdsburg, California, Naturegraph Company.